COLECCION DE ESCRITORES MEXICANOS

— 81 —

José Joaquín Fernández de Lizardi

DON CATRÍN DE LA FACHENDA

Y

NOCHES TRISTES Y DIA ALEGRE

COLECCION DE ESCRITORES MEXICANOS

JOSE JOAQUIN FERNANDEZ DE LIZARDI

DON CATRIN
DE LA FACHENDA
Y
NOCHES TRISTES
Y DIA ALEGRE

Edición y prólogo
de
JEFFERSON REA SPELL

Undecima edición

EDITORIAL PORRUA
AV. REPUBLICA ARGENTINA, 15
MEXICO, 1998

Primera edición: *Don Catrín de la Fachenda:* México, 1832
(edición póstuma). *Noches tristes:* México, 1818. Con el agregado
del *Día alegre:* México, 1819

Primera edición en "Colección de Escritores
Mexicanos", 1959

La introducción y las características de esta edición
son propiedad de la
EDITORIAL PORRUA S.A. DE C.V.-4
Av. República Argentina , 15, México 1, D.F.

ISBN 968-432-031-0

IMPRESO EN MÉXICO
PRINTED IN MEXICO

PROLOGO

Paladín del progreso y reformador innato, José Joaquín Fernández de Lizardi comenzó su carrera literaria en 1808 escribiendo versos festivos y burlescos en que ridiculizaba los abusos y malas costumbres de ciertos tipos, depravados o extravagantes, que pululaban entonces en la capital de la Nueva España. Versos de ese género estaban a la sazón muy en boga, y los de Lizardi no se distinguen de otros que abundan en el *Diario de México* (1805-1817) sino en el procedimiento de publicación, esto es, en folletos. que se vendían directamente al público.

En las composiciones de este período no se entromete Lizardi en cuestiones políticas, y uno de sus poemas, *Muralla de México en la protección de María Santísima Nuestra Señora* (1811), indica que no era nada adicto a los revolucionarios de 1810. Tenía, no obstante, una viva pasión por la política, y en octubre de 1812 —ya vigente la Constitución de Cádiz, que echó por tierra todo el sistema colonial— fundó su propio periódico, *El Pensador Mexicano* —que era también su seudónimo— con el fin de hacer propaganda en favor de la Constitución, de la cual era un apasionado devoto.

Publicó, además, en los ocho primeros números del *Pensador* una serie de artículos sobre las injusticias que por tanto tiempo habían sufrido los colonos americanos bajo el régimen español. El gobierno virreinal, que había visto con malos ojos las libertades concedidas por la nueva constitución, revocó espontáneamente la libertad de imprenta, estableció una junta de censura y, el 7 de diciembre de 1812, encarceló a nuestro autor. Su prisión duró seis meses, en el transcurso de la cual, y de hecho hasta fines de 1814, siguió publicando su periódico, aunque en un tono más sumiso que antes y ocupándose tan sólo de asuntos más o menos inofensivos a la censura.

Desilusionado al dar fin a su *Pensador* —porque no sólo le vigilaba tenazmente la censura sino que, al derogar Fernando VII la Constitución, había vuelto el antiguo despotismo— estuvo a punto de abandonar, como revela en un soneto de aquel periodo, la carrera de escribir. A pesar de ello, fundó un segundo periódico, *Alacena de Frioleras* (28 números y 11 suplementos, publicados del 2 de mayo de 1815 al 29 de mayo de 1816) cuyo contenido —crítica de costumbres en verso y en prosa— no se distingue de su obra anterior de este género.

Hacia fines de 1815 decidió el Pensador, como un medio de propaganda, abandonar el verso y el ensayo en favor de la novela, con el fin, sin duda, no sólo de evitar en lo posible las vejaciones de que era objeto por parte de la censura, sino también para captar mejor el interés del lector. Era ante todo un escritor fácil, y dedicándose con ahinco a su nueva tarea, produjo en el corto espacio de cuatro años un número igual de novelas: en 1816, *El Periquillo Sarniento;* [1] en 1818, el primer tomo de otra novela extensa, *La Quixotita y su prima,* y una breve obra, *Noches tristes,* que, en esta edición, consta de cuatro episodios; en 1819, además del segundo tomo de *La Qui-*

---

[1] Salieron sólo los tres primeros tomos; el cuarto, y último, fue prohibido; la primera edición completa es la de la Imprenta de Galván (México, 1830-31) en 5 vols.

xotita,[2] la segunda edición de *Noches tristes,* que lleva un episodio más, "Día alegre" *(Ratos entretenidos,* t. II), y una novelilla, *Vida y hechos del famoso caballero Don Catrín de la Fachenda* (inédita hasta 1832) que fue aprobada, según el autor, en febrero de 1820.

El 31 de mayo de este año ocurrió en México un suceso de monta, el restablecimiento del régimen constitucional, y esto puso fin a la carrera de novelista del Pensador. A partir de entonces lucha, en centenares de folletos y en periódicos de su propiedad, por sus ideales políticos. No es, sin embargo, el periodismo sino la novela lo que acredita su fama literaria. Para este género tiene el don positivo de la invención narrativa; sus relatos se leen con interés no sólo por la intriga, sino por sus personajes y el mundo en que éstos actúan. La función de la novela, en su concepto, es horaciana. Pensando en el efecto que producirá en los futuros lectores su *Periquillo* —de índole picaresca—, dice: "Lo abren por curiosidad y lo leen con gusto, creyendo que sólo van a divertirse con los dichos y cuentecillos, y que éste fue el último objeto que se propuso su autor al escribirlo; pero cuando menos piensan, ya han bebido una porción de máximas morales, que jamás hubieran leído escritas en un estilo serio y sentencioso."

Pero su propósito de instruir no se reduce a la moral, porque, más que moralista, el Pensador, de espíritu reformador, lucha tenazmente contra el error, ya sea en las leyes, la política, la medicina, la ciencia natural, la educación en todos sus ramos, o en la economía política. Las

---

[2] Quedó truncada esta edición. La primera completa es la de Altamirano (México, 1831-32) en 4 vols.

ideas que expresa en sus novelas —principalmente en el *Periquillo*— sobre estas materias, provienen de una extensa lectura de escritores europeos, casi todos reformistas de categoría (véase mi prólogo a *El Periquillo Sarniento* en esta *Colección de Escritores Mexicanos);* porque, como autodidacta, el Pensador era un lector insaciable.

En *La Quixotita y su prima* —novela pedagógica que no sólo muestra los defectos del sistema educativo de la mujer en aquel tiempo, sino que indica los nuevos métodos a seguir— resaltan igualmente sus fuentes. Entre éstas preponderan ciertos ensayos de Feijóo, señaladamente la *Defensa de las mujeres* y los que versan sobre milagros y supersticiones; los juicios sobre la mujer expresados en la *Education des filles* (1687) de Fénelon y en el *Essai sur le caractère, les moeurs et l'esprit des femmes dans les differents siècles* (1772) de Antoine L. Thomas; y unas opiniones pedagógicas en *L'Ecole des moeurs* (1782) del abate Blanchard, quien, aunque jesuíta, encuentra en el *Emile* de Rousseau no pocas ideas que son de su gusto.

Don Catrín de la Fachenda y las *Noches tristes,* que forman el presente volumen, son, a diferencia de *El Periquillo* y *La Quixotita,* novelas cortas, con intriga sencilla y, en general, libres de la erudición y largas digresiones morales que hacen desproporcionadas sus dos primeras novelas.

Don Catrín, que desde el punto de la técnica novelística es la más artística de las cuatro novelas, traza la vida de un *catrín* —tipo que correspondía al currutaco español— que, cayendo de mal en peor por sus creencias falsas y extravagantes, llega finalmente al término de sus malaventurados días. Se ve siempre en ésta, como en sus otras novelas, que el intento del autor es censurar vicios y defectos; pero aquí logra más artísticamente su fin, porque en vez de valerse de la moralización, como en tantas otras ocasiones, se vale de la sátira, en la que descuella una fina ironía. Predomina en ella, igualmente, el realismo, no sólo en el retrato del protagonista sino también en el escenario en que actúa éste, captando admirable y selectivamente, con menos detalles que en el *Periquillo,* ciertos aspectos de la vida de la época.

De un estilo enteramente diferente, es la novela *Noches tristes y día alegre,* que narra las pruebas y tribulaciones que sufre, en cuatro noches consecutivas, Teófilo —quizá el autor mismo, que recuerda aquí dos prisiones que había padecido— hombre que vive constantemente en el temor de Dios. "Desde que leí —dice Lizardi en el prólogo, refiriéndose a lo que le movió a escribir la obrita— las *Noches lúgubres* del Coronel José Cadalso, me propuse escribir otras tristes a su imitación."

La obra a que se refiere —una pieza corta, dividida en tres "noches" o capítulos— la escribió el famoso escritor español en 1771, estando locamente desesperado por la repentina muerte de su prometida María Ignacia Ibáñez, cuyo cadáver, sepultado en la Iglesia de San Sebastián de Madrid, trató de desenterrar. Tediato, el protagonista de la obra, es sin duda el autor mismo. La compuso, dice, "imitando el estilo de las [noches] que escribió en inglés el doctor Young"; se trata de Edward Young, autor del poema *Night Thoughts* (1742-1745). La obra de Cadalso quedó inédita hasta 1789 y 1790 (unos siete años después de su muerte), cuando apareció por entregas —aunque incompleta, como la dejó el autor, que probablemente nunca volvió a pensar en ella— en el *Correo de Madrid* (núms. 319, 322, 323 y 325).

Fue desde luego popular, como atestiguan las ediciones que siguieron: en la *Miscelánea erudita de piezas escogidas*... (Alcalá, 1792), así como las (en forma de libro) de 1798, 1803, 1804 y 1815, todas las cuales reprodujeron —con cambios insignificantes en el texto y breves observaciones de los editores sobre el incidente escabroso que motivó la obra— la versión del *Correo;* y dos ediciones, la de 1817 (Valencia) y la de 1818 *(Obras* de Cadalso, 3 vols.), que añaden una cuarta parte, una larga conclusión de tenor didáctico y moralizador, que da un fin lógico a la historia explicando cómo Tediato, por la intervención del Conde de Aranda, no logró profanar la tumba de su prometida. En cada una de estas ediciones, alega el editor —falsamente, según toda probabilidad— que la conclusión es de Cadalso.[3]

No se sabe cuál de estas ediciones de las *Noches lúgubres* había leído Lizardi cuando se decidió a imitar su estilo,[4] pero se trataba sin duda de una de las anteriores a 1817 y 1818. Pero no tardó en llegar a sus manos esta última edición, cuya larga conclusión, es lógico inducir que lo movió a añadir a su obra el "Día alegre".[5] Sea

---

[3] Consúltense José Antonio Tamayo, "El problema de las *Noches lúgubres*", *Revista de Bibliografía Nacional,* IV (1943), 325-370; Edith F. Helman, "The First Printing of Cadalso's *Noches lúgubres*", *Hispanic Review,* XVIII (1950), 126-134, así como el excelente prólogo de su edición de las *Noches lúgubres* (Santander, 1951); y J. F. Montesinos, "Cadalso o la noche cerrada", *Cruz y Raya,* núm. 13 (1934).

[4] Pablo Cabaña —en "Las *Noches tristes* de Lizardi", *Cuadernos de Literatura,* I (1947), núm. 3, 425-441— estudia la relación entre las *Noches lúgubres* y las *Noches tristes,* empleando, sin embargo, sólo la primera edición de la obra de Lizardi, que no lleva el 'Día alegre".

esto como fuere, las *Noches tristes* no son, como desde luego se puede suponer, un calco de la obrita de Cadalso, que a la vez presenta desemejanzas con su modelo inglés *(Night Thoughts)*. Las tres obras, diferentes entre sí, tienen ciertas trabazones que las unen; un lenguaje atildado y retórico; un tono personal, el de un protagonista que lamenta sus desgracias, y un ambiente nocturno y sepulcral. Tales manifestaciones, prerrománticas, en el poema de Young, son las cualidades a que se aficionó Cadalso para expresar un dolor que era íntimamente personal, y precisamente las mismas que percibió Lizardi en las *Noches lúgubres*.

El concepto literario, de parte de cada autor, es empero original. Al tema nocturno y sepulcral añade Cadalso, y en esto le sigue Lizardi, el de violentas tempestades. Cada uno de los protagonistas tiene su propia individualidad. Young —abatido por la melancolía, pero siempre conforme con la voluntad de Dios— detalla, a lo largo de sus nueve noches el origen de su pena —el fallecimiento de tres seres queridos, particularmente el de la joven Narcisa—,[6] y, a la vez, discurre sobre varios temas:

---

[5] En *Ratos entretenidos* (t. II, 1819) reimprimió Lizardi los tres primeros episodios de las *Noches lúgubres* de Cadalso, seguidos por su propia obra, *Noches tristes y día alegre,* a la que sigue a su vez la conclusión de la obra de Cadalso, con esta nota aclaratoria: "Después de impresa esta obra, llegó a mis manos la conclusión de las citadas *Noches,* impresa en Valencia el año de 1818."

[6] Probablemente Elizabeth Temple, hijastra del poeta, a cuyo cadáver —dice éste, falsamente, en la Noche III— dio sepultura, en las altas horas de la noche, con sus propias manos. Todos los detalles de esta escena macabra están gráfica y

la muerte considerada desde varios puntos de vista, indicaciones en la naturaleza que dan pruebas de la inmortalidad del alma, y la vanidad que son la riqueza y la gloria mundanas.

Tediato *(Noches lúgubres)* es pesimista y egoísta, y
aunque a veces razona con juicio, comete, en su rebelión
contra Dios y todo lo sagrado, actos desenfrenados que
rayan en la locura. Teófilo *(Noches tristes),* nunca pierde
completamente su optimismo, y aunque sufre injustamente una prisión y otras desgracias mayores, éstas, en
vez de disminuir su fe sólo sirven para acrisolarla. Si
tiene parentesco con alguno de los protagonistas anteriores, no es, a decir verdad, con Tediato sino con Young,
sobre cuyos *Night Thoughts* hace un breve comentario en
el *Periquillo* (t. I, cap. II), y que pudiera haber leído en
la traducción de Juan de Escóiquiz (3 ediciones: 1789-97,
1798 y 1814) o en la de Antonio Schwager (1807).

En la forma y el contenido, cada una de las tres obras
tiene su propia personalidad. Más o menos sosegado, Young
manifiesta su pena en un monólogo, mientras que Cadalso,
en diálogos, da rienda suelta a su pasión. En ambos, siente el lector que el dolor es genuino, que es el del autor
mismo, lo que no se siente en la obrita de Lizardi. Esta
—aunque tiene algo de la técnica dramática de las *Noches
lúgubres*— es, a diferencia de las otras dos, una novela
dialogada, con personajes bien trazados a pesar del lenguaje artificial que emplean, y con un enredo que, después de seguir durante las cuatro noches fatales la mala

---

románticamente representados en un grabado que precede la
portada del tomo II de la traducción al francés de los *Night
Thoughts* por Le Tourneur.

suerte del justo Teófilo, llega a un desenlace en que éste
sale victorioso en sus pruebas y recibe la recompensa que
merece su buena fe.

Relacionada con esta solución hay —en las palabras
de un buen cura, benefactor de Teófilo— una larga descripción, la de un día radiante de sol, que concuerda con
sus felices sentimientos en el día de su triunfo, lo mismo
que concordaban antes los relámpagos y recias tempestades
con la tortura de su alma en las noches tristes. La naturaleza que se retrata para el día alegre es suave, apacible y
bucólica, y todo en ella convida a adorar a Dios. Esta
descripción —así como otra en el *Periquillo* (tomo I,
cap. III)— es del mismo tenor e intento (loar al Criador)
que las que contienen las *Reflexiones* [7] del sabio y devoto
naturalista alemán G. E. Sturm, obra que acaso conocía
Lizardi, aunque no se refiere precisamente a ella ni a su
autor.

En estos albores del romanticismo, las *Noches tristes*
son de indudable interés histórico en la literatura mexicana. A diferencia de las otras novelas de Lizardi, no tiene
nada del genio festivo de su autor, ni la ironía de *Don
Catrín* ni la gracia burlona de *El Periquillo* y *La Quixotita.*

Pero en la tendencia de moralizar, de reformar, de di-
vulgar conocimientos útiles, se ve claro el parentesco de las
Noches tristes; porque en los razonamientos, cargados de
preceptos morales de la Biblia, que hacen Teófilo o su benefactor, discurre el autor sobre diversas materias: el libre
albedrío, la sinrazón del suicidio, la falta de caridad de

---

[7] *Reflexiones sobre la naturaleza, o Consideraciones de las
obras de Dios en el orden natural*... traducidas al francés y de
éste al castellano. Madrid, 1803. 4 vols.

algunos clérigos y médicos, de cómo se debe dar la limosna, y lo ventajoso que es que todo hombre sepa hacer
cierta operación quirúrgica, que no es otra sino la cesárea.

JEFFERSON REA SPELL

RESEÑA BIOGRAFICA

Nació José Joaquín Fernández de Lizardi en la ciudad de México el 15 de noviembre de 1776. Fueron sus padres doña María Bárbara Gutiérrez y don Manuel Hernández de Lizardi. Este, licenciado de médico en 1780 por la Universidad de México, ejerció en el Real Colegio de Tepotzotlán, adonde se trasladó con su familia, y donde, probablemente, murió su esposa. Consta esto en un documento de 28 de octubre de 1786, en que el cura Juan Antonio Bruno de Santa Catalina y Mártir de la capital notifica a la Catedral que "Don Manuel Hernández de Lizardi... viudo de doña María Bárbara Gutiérrez, pretende contraer matrimonio con doña María Josefa Torres... feligresa de esta Santa Iglesia Catedral".

En Tepotzotlán recibió José Joaquín su enseñanza primaria, terminada la cual, al parecer, pasó a la capital a estudiar latín en la escuela de don Manuel Enríquez de Agreda. Se matriculó el 14 de octubre de 1793, en el antiguo colegio jesuítico de San Ildefonso, que funcionaba a la sazón —por haber sido expulsados sus fundadores— bajo la dirección de sacerdotes seglares. En aquel tiempo, como antes, servía San Ildefonso, primeramente, de casa de alojamiento de ciertos estudiantes matriculados en la Universidad; pero se les permitía cursar ciertos estudios en él, como consta en un documento de 1798 en que se da cuenta al Rector de la Universidad que "Don José Joaquín Fernández de Lizardi ha adquirido una mediana instrucción en las conclusiones de lógica, metafísica y física que he escrito en mi curso..."

A poco saldría de la Universidad, acaso sin haberse graduado. En 1805 se casó; y en 1808 escribió un poema celebrando el advenimiento de Fernando VII al trono, publicado al año siguiente, en una colección de poemas alusivos al mismo acontecimiento. A fines de 1811 era Teniente de justicia en Tasco, cuando el pueblo fue saqueado por los insurgentes; se le acusó de haber entregado las armas y municiones a éstos, fue llevado preso a la capital, donde probó su inocencia y recobró su libertad.

En este mismo año y durante los primeros nueve meses de 1812 se dio a conocer por sus versos satíricos, que salieron en la capital en folletos. A principios de octubre, ya promulgada la Constitución de Cádiz, entró de lleno al periodismo, fundando su primer periódico, *El Pensador Mexicano* (1812-1814). Por lo incitantes que eran sus artículos en los primeros nueve números, abolió el gobierno la libertad de imprenta, y el autor, para poder continuar publicando su periódico, tuvo que escribir sobre asuntos más o menos inocuos. De la misma índole son sus artículos en su segundo periódico, *Alacena de Frioleras* (1815-1816). Desde 1815 hasta 1820, cuando dominaba el absolutismo de Fernando VII, escribió sus cuatro novelas, ya examinadas, que son las primeras escritas en Hispanoamérica.

Restablecido en 1820 el gobierno constitucional, Fernández de Lizardi fundó otro periódico, *El Conductor Eléctrico*, con el fin de defender la Constitución contra los reaccionarios. En medio de esta obra de propaganda quedó pasmado al enterarse, a fines de febrero de 1821, del plan de Iguala por el que Agustín de Iturbide, que capitaneaba las fuerzas del Rey contra los insurgentes, se había unido a éstos en favor de la Independencia.

Recobrado de su asombro, no tardó Fernández de Lizardi en aliarse con Iturbide, quien le dio la dirección de una prensa insurgente en Tepotzotlán. Abrazó apasionadamente el partido de Iturbide; pero muy pronto comprendió, y con mucha amargura, que el caudillo, después de hacerse proclamar emperador, se oponía tenazmente a todas las reformas políticas y religiosas por las que Fernández de Lizardi había abogado tanto tiempo. Entonces empezó a atacarlo resueltamente, sobre todo en dos folletos, *Cincuenta preguntas a quien quiera contestarlas* (Nov. 18, 1821) y *Defensa de los Francmasones* (Feb. 13, 1822), acarreándole este último una excomunión que duró veintidós meses.

Durante este periodo —lleno de congojas y vejaciones— y después, mientras el Congreso Constituyente redactaba (1823-24) una nueva Constitución, siguió luchando no sólo por la libertad de conciencia sino también por la implantación de leyes que quebrantaran el poder político de la Iglesia. Pero en esto sólo le esperaban desilusiones, porque la Constitución —promulgada en octubre de 1824— legalizó terminantemente la Iglesia Católica.

No obstante, siguió impugnando —en sus *Conversaciones del pa-yo y el sacristán,* hoja semanal que publicó del 13 de julio de 1824 al 13 de agosto de 1825— los designios de las fuerzas reaccionarias del país.

Pero, en 1825, el gobierno reconociendo al fin la obra patriótica de El Pensador, no sólo le concedió el grado de coronel retirado, sino le hizo redactor de la *Gaceta del Gobierno,* órgano oficial. Dio fin, el año siguiente, a su obra periodística, publi-cando, en veinticinco números. *El Correo Semanario,* que, por contener no artículos suyos sino extractos de otros escritores, es el menos interesante de todos sus periódicos.

En abril de 1827 dio a luz el *Testamento y despedida del Pensador Mexicano,* en que indica, en un estilo conciso y mor-daz, los abusos que persistían —de una parte por la rutina y, de otra, por el provecho que rendían a la Iglesia y las órdenes religiosas— aun después de la Independencia. Luchando valero-samente contra eneimgos que nunca dejaron de ensañarse contra él, y a la vez agobiado de males físicos que hacía tiempo venía padeciendo, dejó de existir, en la ciudad de México, el 21 de junio de 1827.

J. R. S.

BIBLIOGRAFIA

NOVELAS

EL PERIQUILLO SARNIENTO. 1.—En la oficina de don Alejandro Valdés. México, 1816. 3 vols. (El cuarto, y último no llegó a publicarse por la prohibición del gobierno español.

2.—Oficina de don Mariano Ontiveros. México, 1825 (parece que se publicó sólo un tomo, que consta de los 12 primeros capítulos y de 286 págs.).

3.—Imprenta de Galván a cargo de Mariano Arévalo. México, 1830-31. 5 vols.

4.—Imprenta de V. García Torres. México, 1842. 4 vols.

5.—Imprenta de M. Murguía y Cía. México, s. a. 4 vols.

6.—Imprenta de Luis Inclán. México, 1865. 4 vols.

7.—Tipografía literaria de Filomeno Mata. México, 1884. 4 vols.

8.—Tip. Clarke y Macías. México, 1884. 4 vols.

9.—*La Ilustración de México.* México, 1896. 4 vols.

10.—J. Ballescá y Compañía, Sucesor, Tipo-Litográfico de Espasa y Compañía (Barcelona). México, 1897. 4 tomos en 2 vols.

11.—Maucci Hermanos e Hijos, Tip. Casa Editorial Sopena (Barcelona). Buenos Aires, México, La Habana, 1903 (?). 2 vols.

12.—Casa Editorial Sopena, en la serie Biblioteca de Grandes Novelas. Barcelona, 1908.

13.—Casa Editorial Sopena, en la serie Biblioteca de Grandes Novelas. Barcelona, 1909.

14.—Editorial Sopena, S., Biblioteca de Grandes Novelas. Barcelona, 1933.

15.—Ramón Sopena, Editor, Biblioteca de Grandes Novelas. Barcelona, s. f.

16.—Editorial Stylo. México, 1942. 2 vols.

17.—Ediciones Cicerón. México, s. f. 2 vols.

18.—Ediciones Cicerón. México, s. f. 4 tomos en 1 vol.

19.—Colección de Escritores Mexicanos. Editorial Porrúa, S. A. México, 1949. 3 vols. Nos. 56-58.

20.—Colección "Sepan Cuantos". Editorial Porrúa, S. A. México, 1959. 1 vol.

LA QUIJOTITA Y SU PRIMA. Historia muy cierta con apariencias de novela. 1.—Don Mariano Ontiveros. México, 1818-19. 2 vols. (El tomo II fue publicado por don Alejandro Valdés en 1819. La edición está trunca, pues de la obra sólo se imprimió la mitad).

2.—Imprenta de Altamirano. México, 1831-32. 4 vols.

3.—Imprenta a cargo de Mariano Arévalo. México, 1836. 4 vols.

4.—*La Educación de las Mujeres, o la Quijotita y su prima,* Imprenta de Vicente García Torres. México, 1842.

5.—M. Murguía y Cía., Editores. México, 1853. 2 vols.

6.—J. Ballescá y Cía., Sucesor, Establecimiento Tipográfico de José Espasa (Barcelona). México, 1897.

7.—Cámara Mexicana del Libro. Imprenta M. León Sánchez. México, 1942.

8.—"Sepan Cuantos". Editorial Porrúa, S. A. México, 1967.

NOCHES TRISTES. 1.—En la Oficina de don Mariano de Zúñiga y Ontiveros. México, 1818.

2.—*Noches Tristes y día alegre,* Oficina de don Alejandro Valdés. México, 1819. (Esta edición es el t. II de la colección titulada *Ratos Entretenidos.*).

3.—Oficina de la Calle Espíritu Santo, núm. 2, a cargo del C. José Uribe y Alcalde. México, 1831.

4.—Reimpresas por Antonio Díaz, México, 1843.

5.—Ediciones Mensaje. México, 1943.

6.—Imprenta Universitaria. México, s. f.

7.—Colección de Escritores Mexicanos. Editorial Porrúa, S. A. México, 1959. No. 81.

VIDA Y HECHOS DEL FAMOSO CABALLERO DON CATRÍN DE LA FACHENDA. 1.—Imprenta del Ciudadano Alejandro Valdés. México, 1832.

2.—Se halla también en *Las Noches tristes* del año 1843.

3.—Editorial Cultura. México, 1944. (En núm. 5 de los *Clásicos de América* del Instituto de Literatura Iberoamericana.)

4.—Colección de Escritores Mexicanos. Editorial Porrúa, S. A. México, 1959. No. 81.

En nuestra edición seguimos el texto de la de 1819 de *Noches tristes y día alegre,* y el de la de 1832 de *Don Catrín de la Fachenda.* Además, hemos tenido a la vista todas las ediciones posteriores de las dos novelas. Hemos modernizado la ortografía y la puntuación.

FÁBULAS DEL PENSADOR MEXICANO. 1.—En la Oficina de don Mariano Ontiveros. México, 1817.

2.—Imprenta de Altamirano, a cargo de Daniel Barquera. México, 1831.

3.—Se incluyen en *Las Noches tristes* del año 1843.

4.—Imprenta "La Luz". México, 1886.

5.—Corregidas, explicadas y anotadas por Miguel Salinas. Tip. José Ballescá. México, 1918.

6.—Colección "Sepan Cuantos". Editorial Porrúa, S. A. México, 1963.

PIEZAS TEATRALES. 1.—*Auto Mariano para recordar la milagrosa aparición de Nuestra Madre y Señora.* (Hay, en la colección Genaro García de la Universidad de Texas, una copia manuscrita de esta pieza que lleva le fecha del 30 de septiembre de 1817.).

2.—Imprenta de J. M. Lara. México, 1842.

Pastorela en dos actos. S. p. i. n. f.

El unipersonal de Don Agustín de Iturbide, Imprenta de don Mariano Ontiveros. México, 1823.

El Negro sensible. Primera y segunda parte. Hecha la última por el Pensador Mexicano. Oficina del finado Ontiveros. México, 1825.

La tragedia del Padre Arenas. Puebla, 1827.

La noche más venturosa. Imprenta de Abadiano. México, 1895.

VERSOS. *Ratos Entretenidos,* o miscelánea útil y curiosa, compuesta de varias piezas ya impresas. Reimpreso en la oficina de don Alejandro Valdés. México, 1819. (En el tomo I de esta colección, que consta de dos, Fernández de Lizardi incluye selecciones no sólo de poesías suyas sino de sus contemporáneos.)

De los centenares de follestos que escribió Fernández de Lizardi desde 1811 hasta su muerte, nos quedan hoy día unos 250.

J. R. S.

OBRAS:

Tomo I. *Poesía y fábulas.* Investigación, recopilación y edición de Jacobo Chencinsky y Luis Mario Schneider. Nueva Biblioteca Mexicana. Universidad Nacional Autónoma de México, 1963.

Tomo II. *Teatro.* Edición y notas de Jacobo Chencinsky. Prólogo de Ubaldo Vargas Martínez. U.N.A.M. México, 1965.

Tomo III. *Periódicos.* Recopilación y presentación de Jacobo Chencinsky. Edición y notas de María Rosa Palazón y Jacobo Chencinsky. U.N.A.M. México, 1968.

VIDA Y HECHOS

DEL

FAMOSO CABALLERO
DON CATRÍN DE LA FACHENDA

CAPITULO I

En el que hace la apología de su obra, y da razón de su patria, padres, nacimiento y primera educación

Sería yo el hombre más indolente y me haría acreedor a las execraciones del universo, si privara a mis compañeros y amigos de este precioso librito, en cuya composición me he alambicado los sesos, apurando mis no vulgares talentos, mi vasta erudición y mi estilo sublime y sentencioso.

No, no se gloriará en lo de adelante mi compañero y amigo el *Periquillo Sarniento,* de que su obra halló tan buena acogida en este reino; porque la mía, descargada de episodios inoportunos, de digresiones fastidiosas, de moralidades cansadas, y reducida a un solo tomito en octavo, se hará desde luego más apreciable y más legible; andará no sólo de mano en mano, de faltriquera en faltriquera, y de almohadilla en almohadilla, sino de ciudad en ciudad, de reino en reino, de nación en nación, y no parará sino después que se hayan hecho de ella mil y mil impresiones en los cuatro ángulos de la tierra.

Sí, amigos catrines y compañeros míos: esta obra famosa correrá... Dije mal, volará en las alas de su fama por todas partes de la tierra habitada y aun de la inhabitada; se imprimirá en los idiomas español, inglés, francés, alemán, italiano, arábigo, tártaro, etc., y todo hijo de Adán, sin exceptuar uno solo, al oír el sonoroso y apacible nombre de don Catrín, su único, su eruditísimo autor, rendirá la cerviz y confesará su mérito recomendable.

✯ ¿Y cómo no ha de ser así, cuando el objeto que me propongo es de los más interesantes, y los medios de los más sólidos y eficaces? El objeto es aumentar el número de los catrines; y el medio, proponerles mi vida por modelo... He aquí en dos palabras todo lo que el lector deseará saber acerca de los designios que he tenido para escribir mi vida; pero ¿qué vida? la de un caballero ilustre por su cuna, sapientísimo por sus letras, opulento por sus riquezas, ejemplar por su conducta, y héroe por todos sus cuatro costados. Pero basta de exordio, *operibus credite.* Atended.

Nací, para ejemplo y honra vuestra, en esta opulenta y populosa ciudad por los años de 1790 ó 91, de manera que cuando escribo mi vida tendré de treinta a treinta y un años, edad florida, y en la que no se debían esperar unos frutos de literatura y moralidad tan maduros como los vais a ver en el discurso de esta obrita. Pero como cada siglo suele producir un héroe, me tocó a mí ser el prodigio del siglo XVIII en que nací, como digo, de padres tan ilustres como de César, tan buenos y condescendientes como yo los hubiera apetecido aun antes de existir, y tan cabales catrines que en nada desmerezco su linaje.

✗ Mis padres, pues, limpios de toda mala raza, y también de toda riqueza —¡propensión de los hombres de mérito!— me educaron según los educaron a ellos, y yo salí igualmente aprovechado.

↪ Aunque os digo que mis padres fueron pobres, no os significo que fueron miserables. Mi madre llevó en dote al lado de mi padre dos muchachos y tres mil pesos: los dos muchachos, hijos clandestinos de un título, y los tres mil pesos hijos también suyos, pues se los regaló para que los mantuviera. Mi padre todo lo sabía; pero ¿cómo no había de disimular dos muchachos plateados con tres mil patacones de las Indias? Desde aquí os manifiesto lo ilustre de mi cuna, el mérito de mamá y el honor acrisolado de mi padre; pero no quiero gloriarme de estas cosas. Los árboles genealógicos que adornan los brillantes libros de mis ejecutorias, y los puestos que ocuparon mis beneméritos ascendientes en las dos lucidísimas carreras de las armas y las letras, me pondrán *usque in aeternum* a cubierto de las notas de vano y sospechoso, cuando os aseguro a fe de caballero don Catrín que soy noble, ilustre y distinguido, por activa, por pasiva y por impersonal.

Mas, volviendo al asunto de mi historia, digo, que por la ceguedad de la fortuna nací, a lo menos, con tal cual decencia y proporciones, las que sirvieron para que mi primera educación hubiera sido brillante.

No había en mi casa tesoros, pero sí las monedas necesarias para criarme, como se me crió con el mayor chiqueo. Nada se me negaba de cuanto yo quería; todo se me alababa, aunque les causara disgusto a las visitas. A la edad de doce años, los criados andaban debajo de mis pies, y mis padres tenían que suplicarme muchas veces el que yo no los reconviniera con enojo: ¡tanta era su virtud, tal su prudencia, y tan grande el amor que me tenían!

Por contemporizar con un tío cura, eterno pegoste y mi declarado enemigo *ab ineunte aetate,* o desde mis primeros años, me pusieron en la escuela o, por mejor decir, en las escuelas, pues varié a lo menos como catorce; porque en unas descalabraba a los muchachos, en otras me ponía con el maestro, en éstas retozaba todo el día, en aquéllas faltaba cuatro o cinco a la semana; y en éstas y las otras aprendí a leer, la doctrina cristiana según el catecismo de Ripalda, a contar alguna cosa y a escribir mal, porque yo me tenía por rico, y mis amigos los catrines me decían que era muy indecente para los nobles tan bien educados como yo el tener una letra gallarda, ni conocer los groseros signos de la estrafalaria ortografía. Yo no necesitaba tan buenos consejos para huir las necias preocupaciones de éstos que se dicen sensatos, y así procuré leer y contar mal, y escribir peor.

✳ ¿Qué se me da, amados catrines, parientes, amigos y compañeros, qué se me da, repito, de leer así o asado, de sumar veinte y once son treinta y seis, y de escribir, "el cura de Tacubaya salió a casar conejos"? Dícenme que esto es un disparate: que los curas no casan conejos sino hombres racionales; que *cazar* con z significa en nuestro idioma castellano matar o coger algún animal con alguna arma o ardid, y *casar* con s es lo mismo que autorizar la liga que el hombre y la mujer se echan al contraer el respetable y santo sacramento del matrimonio. ¿Qué se me da, vuelvo a deciros, de estas y semejantes importunas reconvenciones? Nada a la verdad, nada seguramente; porque yo he tratado y visto murmurar a muchos ricos que escribían de los perros; pero a vuelta de estas murmuraciones los veía adular y recomendar por los más hábiles pendolistas del universo; lo que me hace creer, queridos míos, que todo el mérito y habilidad del hombre consiste en saber adquirir y conservar el fruto de los cerros de América.

Tan aprovechado como os digo, salí de la escuela, y mis padres me pusieron en el colegio para que estudiara, porque decían los buenos señores que un don Catrín no debía aprender ningún oficio, pues eso sería envilecerse; y así que estudiara en todo caso para que algún día fuera ministro de Estado o, por lo menos, patriarca de las Indias.

Yo en ese tiempo era más humilde o tenía menos conocimiento de mi mérito, y así no pensaba en honras ni vanidades, sino en jugar todo el día, en divertirme y pasarme buena vida.

Los maestros impertinentes me reñían, y me obligaban a estudiar algunos ratos, y en éstos.... ¡lo que es un talento agigantado! en estos cortos ratos que estudié a fuerza, aprendí la gramática de Nebrija y toda la latinidad de Cicerón en dos por tres; pero con tal facilidad, que era la alegría de mis condiscípulos y la emulación de mis cansados preceptores. Aquéllos reían siempre que yo construía un verso de Virgilio o de Horacio, y éstos se rebanaban las tripas de envidia al oírme hacer régimen de una oración, porque yo les hacía ver a cada paso lo limitado de sus talentos y lo excesivo del mío.

Me decían, por ejemplo, que *ego, mei,* no tenía vocativo, y yo les decía que era fácil ponérselo y necesario el que lo tuviera, pues no teniendo vocativo, no se podrá poner en latín esta oración: "¡Oh yo el más infeliz de los nacidos!" y poniéndole el vocativo *ego,* diremos: *O ego infelicior natorum,* y ya está vencida esta dificultad, y se podrán vencer así iguales injusticias y mezquindades de los gramáticos antiguos.

La oposición que hice a toda gramática fue de lo más lucido; ni uno hubo que no se tendiera de risa al oírme construir aquel trilladísimo verso de Virgilio.

Tityre, tu patulae recubans sub tegmine fagi, que volví al castellano de este modo:

Tu recubans, tú amarrarás; *Tityre,* a los títeres; *patulae,* de las patas; *fagi,* con una faja; *sub tegmine,* bajo de ciertos términos. Todos se reían, celebrando, ya se ve, mi habilidad; pero los maestros se ponían colorados y aun me querían comer con los ojos desde sus sillas. ¡Tanta era la envidia que los agitaba! Pero, en fin, yo recogí mis galas, mis padres quedaron muy contentos, y me pusieron a estudiar filosofía.

En esta facultad salí tan aprovechado como en gramática. A los dos meses ya argüía yo en *bárbara* que era un pasmo, y tenía un *ergo* tan retumbante que hacía estremecer las robustas columnas del colegio, siempre con asombro de mis condiscípulos y bastante envidia de mis maestros.

Una ocasión, arguyendo con un rancio peripatético que defendía la existencia de cierto animal llamado entre sus antiguos patronos "ente de razón", después de varias cosas que le dije, añadí este silogismo concluyente:

Si per alicujus actus efficeretur entis ratio, maxime per huic: per huic non; ergo per nullius. Las mesas y bancas de la clase resonaron con el palmoteo de los colegiales, que ya con su desentonada risa no dejaron proseguir el argumento. El sustentante me dio un apretado abrazo, y medio real de carita, diciéndome:

—Tenga usted el gusto de que es más fácil concebir un ente de razón, que poner otro silogismo en un latín tan crespo y elegante.

Todos me aplaudieron, todos me celebraron ese día, y no faltó quien escribiera el silogismo con letras de oro y lo pusiera sobre las puertas del aula con este mote: *Ad perpetuam rei memoriam, et ad nostri Catrinis gloriam,* que resuelto a romance quería decir: "Para gloria de la memoria de la historia latinoria del ilustrísimo Catrín, que es de los nuestros Catrines." ¿Qué os parece, amigos y compañeros? ¿No os admira mi habilidad en tan pocos años? ¿No os espanta mi fama tan temprana? ¿No os ejemplariza mi conducta? Pues imitadme y lograréis iguales aplausos.

Así pasaron los dos años y medio del curso de artes, en los que tuve el alto honor de haber cursado la Universidad y el colegio con enteras aprobaciones de mis catedráticos y concolegas.

Al cabo de este tiempo, por parecerme poco premio, no quise obtener el primer lugar *in rectum* que me ofrecían, y me contenté con el grado de bachiller, que le costó a mi padre treinta y tantos pesos, me parece; y aun éste lo admití porque ya sabía yo cuán necesario es ser bachiller en artes para adquirir los grados de licenciado, doctor y maestro; y como ser bachiller en artes es *conditio sine qua non,* me fue preciso bachillerear contra mi gusto.

Sin embargo, con mi gran título y diez y ocho años a cuestas, me divertía en las vacaciones que tuve, pasando el tiempo con mis compañeros y amigos, que eran muchos, y tan instruidos y tan buenos como yo.

Así que al tío cura le pareció que ya perdía demasiado tiempo, instó a mis padres para que me volvieran a soterrar en el colegio a estudiar facultad mayor; pero les dijo que consultaran con mi inclinación para que se procediera con acierto.

Yo tenía muy poca o ninguna gana de continuar una carrera tan pesada como la de las letras, por dos poderosísimas razones: la primera, por no sufrir la envidia que los maestros me tenían al ver cómo descollaban mis talentos; y, la segunda, porque ya me consideraba bastante instruido con el estudio que tenía hecho, para disputar de cualquier ciencia con el mismo Salomón.

Resuelto de esta manera, le dije a mi padre que no quería continuar en los estudios, porque las ciencias no eran sino unas charlatanerías importunas que no proporcionaban a los hombres sino aflicciones de espíritu, quebraderos de cabeza y ningún premio; pues para un medio sabio que cogía el fruto de sus tareas literarias al cabo de los años mil, había novecientos arrinconados en el olvido y la miseria.

Mi padre tenía talento; pero como reconocía muchas ventajas en el mío, se encogió de hombros como quien se sorprende, y no hizo más sino trasladar la respuesta a la noticia de mi pesado tío el cura, con quien, por esta causa, tuve una molesta disertación, como veréis en el capítulo que sigue.

- Personaje que va cambiando- primera expreciones de un individuo.
- Don Catrin - pica, oportunista, aprovechador
- Don Catrin de la fachenda critica el comportamiento, critica España y los valores tradicionales españoles (indirectamente)
- Mexico está separandose de España, crujendo una identidad nueva para si mismo
- personajes estereotipicos /alegoricos, representan ideas, son vacios
* el hidalgo pobre → tiene un titulo pero no tiene dinero. Eran pobres pero no querían trabajar⟹ ligado a la apariencia [Critica de esto] → problema de la herencia española.
* literatura en siglo 18 se convierta en didactismo

CAPITULO II

DESCRIBE LA FIGURA DE SU TÍO EL CURA, Y DA RAZÓN
DE LO QUE CONVERSÓ CON ÉL Y CON SU AMIGO PRECIOSO,
Y SUS RESULTAS

Qué cierto es que si no hubiera entremetidos en las
familias, andaría todo con más orden; pero estos comedidos
consejeros muchas veces llevan a las casas la discordia.

Mi buen tío era el cura de Jalatlaco, que habréis oído
nombrar varias ocasiones en este reino. Se apuraba por lo
que no debía, y aun los cuidados más ajenos lo tenían maci-
lento y extenuado. ¿Qué sería cuando juzgaba que el mal
recaía inmediatamente sobre alguno de sus parientes? ¡Dios
de mi alma! entonces todo era para él sustos, temores y
congojas: no había consejo que no diera, ni diligencia que
no practicara, para evitar que sintiera el mal que amenazaba. Algunas veces se salía con la suya a fuerza de regaños
y sermones; pero en otras, que eran las más, predicaba en
desierto y todo se quedaba como siempre.

Así le sucedió conmigo. Un día... Pero os pintaré primero su figura, para que conozcáis cuán diferentes serían
sus pensamientos de los míos; porque si por el fruto se conoce el árbol, por el exterior suele conocerse el carácter de
los hombres.

Era, pues, mi buen tío un clérigo viejo como de sesenta
años de edad, alto, flaco, descolorido, de un rostro venerable y de un mirar serio y apacible; los años habían emblan-

quecido sus cabellos, y sus estudios y enfermedades, consumiendo su salud, despoblaron de dientes sus encías, llenaron de arrugas el cutis de su cara, y opacaron la vista de sus ojos que eran azules y se guarecían debajo de una hermosa pestaña y grande ceja; sin embargo, en su espaciosa frente se leía la serenidad de una buena conciencia, si es que las buenas conciencias se pintan en las frentes anchas y desmedidas calvas. Sus discursos eran concertados, y las palabras con que los profería eran dulces y a veces ásperas, como lo fueron siempre para mí; su traje siempre fue trazado por la modestia y humildad propia del carácter que tenía; sus manos con su corazón estaban abiertas al indigente, y todo lo que le rindió su curato lo invirtió en el socorro de sus pobres feligreses, con cuyas circunstancias se hizo generalmente amable de cuantos le trataron, menos de mí, que a la verdad no lo tragaba, porque a título de mi tío y de que me quería mucho, era mi constante pedagogo, mi fiscal vigilante y mi perpetuo regañón.

¡Pobre de mí si no hubiera sido por mis amantes padres! Me consume sin duda el señor cura, y me convierte en un misántropo aborrecible o en un anacoreta repentino; pero mis padres, que santa gloria hayan, me amaban más que el tío y me libraban con modo de su impertinencia. Más valía un "no quiero" de mi boca, dicho con resolución a mi madre, que veinte sermones de mi tío; ella y mi padre inmediatamente que me veían disgustado, condescendían con mi voluntad y trataban de serenarme. Esto es saber cumplir con las obligaciones de padres de familia; así se crían los hijos, y así salen ellos capaces de honrar su memoria eternamente.

Un día, iba diciendo, me llamó a solas el pesado tío y me dijo:

—Catrín ¿por qué no quieres continuar tus estudios? Mal o bien, ya has comenzado la carrera de las letras; pero nadie se corona ni alcanza el lauro si no llega al término prescrito. Es verdad que los estudios son fastidiosos al principio; pero no es menos cierto que sus frutos son demasiado dulces, e indefectiblemente se perciben. Conque ¿por qué no quieres continuar?

—Señor —le contesté— porque estoy satisfecho de la inutilidad de las ciencias, de lo mal que se premia a los sabios, y porque ya sé lo necesario con el estudio que he tenido y la varia lectura a que me he dedicado.

—¿Cómo es eso? —decía el cura—. Explícate ¿qué casta de varia lectura ha sido ésa? Porque si es igual a tus ponderados estudios, seguramente que nada puede aprovecharte.

—Nada menos que eso —le respondí—: he leído una enciclopedia entera, el *Quijote* de Cervantes, el *Gil Blas*, las *Veladas de la quinta*, el *Viajero universal*, el *Teatro crítico*, el *Viaje al Parnaso* y un celemín de comedias y entremeses.

—Por cierto que has leído mucho y bueno para creerte un sabio consumado; pero sábete para tu confusión, que no pasas de un necio presumido que aumentarás con tus pedanterías el número de los sabios aparentes o eruditos a la violeta. ¿Qué es eso de que las ciencias son inútiles? ¿Qué me puedes decir acerca de esto que yo no sepa? Dirásme sí, que las ciencias son muy difíciles de adquirirse, aun después de un estudio dilatado; porque toda la vida del hombre, aunque pase de cien años, no basta a comprender un solo ramo de las ciencias en toda su extensión. Sólo Dios es el omniscio universal o el ser a quien nada se le esconde; pero el hombre finito y limitado apenas llega, al cabo de mil afanes, a saber algo más de lo que ignora el resto de sus semejantes. De manera que yo convendré contigo en confesar que no hay, ni ha habido ni habrá sobre la faz de la tierra un solo hombre completamente sabio en teología, jurisprudencia, medicina, química, astronomía, ni en ninguna otra facultad de las que conocemos y entendemos; mas esto lo que prueba es que el hombre es limitado por más que haga, pero no que es imposible subir a la cumbre de las ciencias, y mucho menos que éstas sean inútiles entre sí.

"¿Qué más dirías si supieras que a mediados del siglo pasado el filósofo de Ginebra, el gran Juan Jacobo Rousseau, escribió un discurso probando en él que las ciencias se oponían a la práctica de las virtudes, y engendraban en sus profesores una inclinación hacia los vicios, cuyo discurso premió la academia de Dijón en Francia? Entonces tú, como tan mal instruido, creerías haber parado al sol en su carrera; pero no, hijo mío: este gran talento abusó de el para probar una paradoja ridícula. El quiso probar en este discurso que las ciencias eran perniciosas, después que había recomendado su provecho, después que les tomó el sabor y logró hacer su nombre inmortal por ellas mismas. A tanto llega la vanidad del hombre. Rousseau defendió con su elocuencia un delirio que él mismo condenaba dentro de su corazón; y esta elocuencia fue tan grande que alucinó a los sabios de una academia respetable, en términos de adjudicarle premio por lo que merecía desaires; pero esto mismo prueba hasta dónde puede llegar la utilidad de las ciencias, pues si el arte de decir hace recomendable lo necio ¿qué será si se aplica a lo útil y provechoso?

"Dirásme también, como ya lo dijiste, que la suerte de los sabios es infeliz, y que por uno que premia el mundo, hay miles a quienes abate o persigue; pero esto no depende de las ciencias sino del trastorno de las ideas, y de otras cosas que tú no entenderás aunque te las explique; más sin embargo de esto, el sabio jamás deja de percibir en sí mismo el fruto de sus tareas. El hombre ignorante, aunque sea rico, no puede comprar con ningún oro las satisfacciones que puede gozar el sabio, aun en medio de su desgracia. El primero tendrá quien le adule para extraerle algo de lo que esconde; pero el segundo tendrá quien le aprecie, quien le ame y alabe con relación a su mérito y no a otra cosa. Ultimamente: el necio se llamará dichoso mientras sea rico; el sabio lo será realmente en medio de la desgracia si junta la ilustración y la virtud. Por esto dijo sabiamente Cicerón que 'todos los placeres de la vida ni son propios de todos los tiempos, ni de todas las edades y lugares; pero las letras son el alimento de la juventud y la alegría de la vejez; ellas nos suministran brillantez en la prosperidad, y sirven de recurso y consuelo en la adversidad'. De aquí debes inferir que jamás son inútiles las ciencias, que los sabios siempre perciben el fruto de sus tareas, y que si quieres lograr tú alguno es necesario que continúes lo comenzado. Esto te digo por tu bien. Haz lo que quieras, que ya eres grande."

Diciendo esto el buen cura se marchó sin esperar respuesta, dejándome bien amostazado con su sermón impertinente.

Yo, por disipar un poco el mal rato, tomé mi capa y me fui a comunicar mis cuitas con un íntimo amigo que tenía, llamado Precioso, joven no sólo fino sino afiligranado, de una erudición asombrosa, de unas costumbres ejemplares y cortado enteramente a mi medida.

Cuando entré a su casa estaba sentado frente a su tocador, dándose color en las mejillas con no sé qué menjurje.

Luego que me vio me hizo los cumplimientos necesarios y me preguntó por el motivo de mi visita. Yo le dije todo lo pasado, añadiendo:

—Ya ves, amigo, que la carrera de las letras es larga, fastidiosa y poco segura para vivir en este reino, si pienso en colocarme de meritorio en una oficina, tal vez, al cabo de servir de balde cinco o seis años, y cuando vaque una plaza de empleado en la que yo deba colar, se aparece un don Fulano cargado de recomendaciones, me lo encajan encima y me quedo en la calle; o cuando esto no sea, mi forma de letra es tan corriente, que es imposible la entiendan si no son los boticarios viejos, motivo justo para que no piense en ser oficinista. Si se me presenta el comercio como un giro acomodado para vivir, lo abandono por indecente a la nobleza de mi cuna, pues ya tú ves que un don Catrín no debe aspirar a ser trapero, ni mucho menos a embutirse tras de una taberna, o tras de un mostrador de aceite y vinagre. Pensar en irme a acomodar de administrador de alguna hacienda de campo, es quimera, pues a más de que no tengo instrucción en eso, el oficio de labrador se queda para los indios, gañanes y otras gentes como éstas sin principios. Conque yo no sé qué carrera emprender que me proporcione dinero, honor y poco trabajo.

—En muy poca agua te ahogas —me contestó Precioso—. ¿Hay cosa más fácil que ser militar? ¿Pues por qué no piensas en ello? La carrera no puede ser más lucida: en ella se trabaja poco y se pasea mucho, y el rey paga siempre a proporción del grado que se obtiene.

—Es verdad —le dije— me acomoda tu dictamen; pero hay una suma dificultad que vencer, y es que yo... pues, no soy cobarde, pero como no estoy acostumbrado a pleitos ni pendencias, me parece que no sé cómo me he de presentar en campaña al frente del enemigo. No, no soy capaz de derramar la sangre de mis semejantes, ni menos de exponerme a que se derrame la mía; soy muy sensible.

—Ya te entiendo —me respondió Precioso—: tú serás muy sensible o muy miedoso; pero yo te juro que como escapes de las primeras escaramuzas, tú perderás el miedo y la sensibilidad muy en breve; todo es hacerse. Conque anda, empeña a tu padre en que te ponga los cordones de mi propio regimiento y verás qué videta nos raspamos.

Las sanas doctrinas de mis amigos tenían mucho ascendiente sobre mi corazón. Al momento adopté el parecer de Precioso y me volví a mi casa loco de contento, resuelto a ser cadete a toda costa.

No me costó mucho trabajo, pues aunque al principio se resistía mi padre, alegando que estaba pobre y que no podía sostenerme con el decoro conveniente a la clase distinguida de cadete; yo insté, porfié y reñí por último con mi madre, la que por no verme encolerizado, me ofreció que obligaría a mi padre a darme gusto mas que se quedaran sin colchón.

No fueron vanas las promesas, porque mi madre hizo tanto, que al día siguiente ya mi padre mudó de parecer y me preguntó que de qué regimiento quería ser cadete; y habiendo sabido que del mismo de donde lo era don Precioso, me aseguró que dentro de ocho días me pondría los cordones. Así se verificó, según os voy a contar en capítulo separado.

* Critica de una novela europea, esta novela quiere instruir, da ejemplos de los malos.

CAPITULO III

Nada se dificulta conseguir en habiendo monedas y nobleza; yo lo vi conmigo palpablemente. Mi padre entabló
su solicitud por mí, presentando mis ejecutorias de hidal-
guía y de nobleza, y los recomendables méritos de mis
abuelos, que habían sido conquistadores, con lo que en dos
por tres cátenme aquí con mis licencias necesarias para
incorporarme en la milicia.

En efecto, a los cuatro días ya estaba hecho mi famoso
uniforme, y el domingo siguiente me lo puse con mucho
gusto mío, de mis padres, de mis amigos y parientes, menos del cura que, como acostumbrado a tratar sólo con los
mazorrales de su curato, era opuestísimo al brillo de la corte
y al lujo de los caballeros; y así estaba muy mal con mi
nuevo empleo, y no era eso lo peor sino que trató de indis-
poner a mi padre hasta el último día; mas no lo consiguió:
yo me puse los cordones y esa noche hubo en casa un
magnífico baile.

Todos me dieron mil abrazos y parabienes, y entre los
brindis que se repetían a mi salud, me decían que parecía
yo un capitán general, con lo que me hacían conocer mi
mérito con solidez.

Solamente el cura, el santo cura, que Dios haya per-
donado, era mi continuo tormento. Así que concluyó la
función me dijo.

—Soy tu tío: te amo sin fingimiento, deseo tu bien, estás en una carrera en que puedes conseguirlo si eres hombre de arreglada conducta; pero temo mucho que no es el deseo de servir al rey ni a tu patria el que te ha conducido a este destino, sino el amor al libertinaje. Si así fuere, sábete que si hay militares pícaros, hay jefes honrados que los hagan cumplir con sus deberes o los desechen con ignominia en caso grave; que si sales tan mal soldado como estudiante, lograrás iguales aplausos, recomendaciones y aprecios; y por último sábete, que aunque logres ser un libertino tolerado, a la hora de tu muerte encontrarás un juez supremo e inexorable que castigará tus crímenes con una etrenidad de penas. Dios te haga un santo; que pases buena noche.

Este fue el parabién que me dio el cura, y yo le quedé tan agradecido como obligado, pues me dejó confundido su última amenaza. Sin embargo, al otro día fui a buscar a mis amigos, a quienes hallé en un café, y luego que me vieron me instaron para que tomara aguardiente, favor que yo admití de buena gana.

Durante el brindis no quedó mujer conocida de México cuya honra no sirviese de limpiadientes a mis camaradas, entre los que estaba un don Taravilla, mozo de veinte años, hablador como él solo y catrín completo, esto es, hombre decente y de muy bellas circunstancias. Sin ayuda de nadie divertía una tertulia una noche entera. Nadie hablaba cuando él comenzaba a platicar, y aunque tenía el prurito de quitar créditos, nadie se lo notaba por el chiste y la genialidad con que lo hacía.

En esta ocasión me acuerdo que dijo que ninguno de nosotros podía jurar que era hijo de su padre, y añadió:

—Yo por mí, a lo menos, no me aventuraré jamás a creer ni asegurar tal cosa... Mi madre es joven y bonita, su marido es viejo y pobre: ustedes dirán si yo podré jurar que fue mi padre... Pero ¿qué me importa? El me sostiene, mi madre es mujer, y es fuerza perdonarle sus fragilidades.

Quien de este modo hablaba de sí mismo ¿cómo hablaría de los demás? En menos de media hora hizo pedazos el honor de diez doncellas conocidas, destrozó el crédito de seis casadas, echó por tierra la buena opinión de veinte comerciantes, y trilló la fama de cuatro graves religiosos, nada menos que prelados. Y si la conversación dura más, las togas, las prebendas, el bastón y el báculo de México quedan hechos harina debajo de su lengua. Tanta era su volubilidad, tanta su gracia.

Yo no podía menos que acordarme de lo que el tío cura me había dicho la noche anterior; y así, confuso, recargado sobre la mesa, con la mano en la frente y la botella delante, decía dentro de mí:

—No hay remedio, una conversación como ésta, en la que no hay un crédito seguro, ni puede ser agradable a Dios ni provechosa a los hombres. Tanto el hablar como el oír con gusto estas mordacidades no puede menos que ser malo, pues se tira y se coopera contra el prójimo, lo que es una falta de caridad; y nuestra religión nos asegura que el que no ama a sus semejantes como a sí, no cumple con la ley; el que no cumple con la ley, peca; el que peca con gusto, conocimiento y constancia, se obstina; el que se obstina, vive mal; el que vive mal, muere mal casi siempre; el que muere mal, se condena, y el que se condena padecerá sin fin. ¡Valgame Dios! Esto fue lo que anoche quiso decirme el cura...

Tan embebecido estaba yo en estas tristes consideraciones que ni atendía a lo que platicaban mis amigos. Mi abstracción fue notable en tanto grado, que un don... qué sé yo cómo se llamaba, le decían don Tremendo, oficial del regimiento N, la notó y me reconvino. Yo le dije lo que me había pasado la noche anterior con mi tío, y que el temor que me había infundido su arenga era la causa de mi confusión.

Una burleta general fue la salva de mi respuesta; todos se rieron a carcajadas y el camarada Tremendo acabó de excitar su alegría diciendo:

—¡Valiente mona tenemos por compañero de armas! Hombre del diablo ¿por qué no pretendiste el velo de capuchina, antes que los cordones de cadete, o a lo menos el asador de la cocina de un convento de frailes, ya que eres tan pacato y escrupuloso? Vaya, vaya; se conoce que eres un pazguato de más de marca. Mírate ahí, muchacho, no muy feo, con cuatro reales en el bolsillo, y unos cordones en el hombro, y espantándote por dos chismes que te contó tu tío... Pues, tu tío, un clerizonte viejo, fanático y majadero a prueba de bomba, a quien yo hubiera echado al perico tiempos hace; mas él te ha sabido infundir un terror pánico desmedido, acobardado tu espíritu con cuentos de viejas y palabras que nada significan. Vamos, chico, vamos; paséate con nosotros alegremente, brinda con los que beben, juega, enamora, riñe y solázate con quien sabe pasear, beber, jugar, enamorar, reñir y solazarse... Mañana serás un triste retirado, la vejez habrá robado las gracias de tu juventud, y la alegría huirá a veinte leguas en torno de tu habitación, y entonces sentirás no haber aprovechado estos momentos lisonjeros que te ofrece tu presente estado.

"Desengáñate, Catrín: paséate, huélgate, juega, enamora, tente en lo que eres, esto es, entiende que el ser
militar aun en la clase de soldado raso, es más que ser empleado, togado ni sacerdote. El oficial del rey es más que
todo el mundo; todos lo deben respetar, y él a ninguno;
las leyes civiles no se hicieron para los militares; infrin-
girlas en ti será, a lo más, una delicadeza si observas las
ordenanzas y vistes con tal cual lujo; todos los bienes, y
aun las mujeres, son comunes en tiempo de guerra, y en
el de paz se hacen de guerra echando mano al sable por
cualquier cosa. Y así olvídate de esas palabras con que te
espantó el viejo tonto de tu tío y pasa buena vida. Muerte,
eternidad y honor son fantasmas, son cocos con que se
asustan los muchachos. *Muerte,* dicen; pero ¿quién temerá
a la muerte, cuando el morir es un tributo debido a la
naturaleza? Muere el hombre, lo mismo que el perro,
el gato y aun el árbol, y así nada particular tiene la muerte
de los hombres. *Eternidad:* ¿quién la ha visto, quién ha
hablado con un santo ni con un condenado? Esto es quimera. *Honor:* esta es una palabra elástica que cada uno le
da la extensión que quiere. Punto de honor es combatir
al enemigo hasta perder la vida en la campaña, y punto de
honor es asesinar al indefenso, robarle sus bienes y abusar
de la inocencia de sus hijas. Esto lo has visto; la gracia
está en saber pintar las acciones y dictar los partes; y teniendo la habilidad de engañar a los jefes, tú pasarás por un
militar sabio, valeroso y prudente.

"Conque vuelve por tu honor entre los camaradas; sé
corriente, franco, marcial y para todo; pues si te metes a
místico y escrupuloso, serás la irrisión mía, de Precioso,
de Taravilla y, en fin, hasta de Modesto, que ya lo ves
que parece que no sabe quebrar un plato."

Este Modesto era un joven oficial, que había estado oyendo la conversación de Tremendo con mucho silencio; pero lo rompió a este tiempo y dijo con bastante seriedad:

—Oyes, Tremendo: el cadete nuevo tiene mucha razón para confundirse al oír una plática tan escandalosa como la que sostuvo Taravilla, y la tendrá mayor si se hace cargo de los desatinos que has dicho, y cuya malicia tú mismo ignoras; pero yo que, aunque joven y militar, no soy de la raza de los Catrines y Tremendos, debo decirle que hace muy bien en abrigar los cristianos y honrados sentimientos que le ha inspirado el bueno de su tío. Sí, amigo don Catrín; entienda usted que la carrera militar no es el camino real de los infiernos. Un cadete, un oficial, es un caballero, y si no lo es por su cuna, ya el rey lo hizo por sus méritos o porque fue de su agrado; pero no es caballero ni lo parecerá jamás el truhán, el libertino, el impío, el fachenda ni el baladrón. No, amigo: la carrera militar es muy ilustre; sus ordenanzas y sus leyes muy justas, y el rey ni debe, ni quiere, ni puede autorizar entre sus soldados el robo, el asesinato, el estupro, el sacrilegio, la provocación, la trampa, la fachenda, la soberbia ni el libertinaje, como por desgracia creen muchos de mis compañeros degradados. No señor: el oficial que tiene el honor de militar bajo las banderas del rey, debe ser atento, comedido, bien criado, humano, religioso y de una conducta de legítimo caballero.

"Ninguna licencia le permite a usted el rey para ultrajar al paisano de paz, para atropellar su honor ni el de su familia, para hacer una estafa, ni para ser desvergonzado ni provocativo espadachín. Sépase usted, amigo, que cuando comete estos delitos, sus cordones, sus charreteras, sus galones ni sus bordados le servirán de otra cosa sino de hacerlo más abominable a los ojos de los sabios, de los virtuosos, de sus jefes o de todo el mundo; porque todo el mundo se resiente de la conducta de un pícaro, por más que tenga la fortuna de pasar por un señor; en tal caso, sus superiores le desairan, sus iguales le abominan y sus inferiores le maldicen.

"Si cualquiera se hace aborrecible con estos vicios ¿qué será si a ellos añade el ser un blasfemo y un impío, que se produzca escandalosamente contra nuestra católica religión, religión la más santa, única verdadera y justificada? ¿No basta ser infractores de la ley? ¿Es menester destruir el dogma, burlarse de los misterios y hacer una descarada irrisión de lo más sagrado, a título de bufones, de necios y de libertinos?"

—Si por mí lo dices —contestó Tremendo muy enojado— si por mí lo dices, so botarate, hipocritón, mira cómo te explicas, porque a mí... pues, ni San Pedro me ha hecho quedar mal en esta vida. Ya me conoces, chico; cuenta con la boca, porque yo no aguanto pulgas; y por vida del gorro de Pilatos que si me enfado, del primer tajo te he de enviar a buscar el mondongo y la asadura más allá de la región del aire.

Todos se rieron, como era regular, de la arrogancia de Tremendo; pero Modesto, bastante serio, le dijo:

—Anda a pasearte, fanfarrón. ¿Qué piensas que me amedrentas con tus baladronadas? Estoy seguro de que los más matones son los más cobardes...

—Eso no, voto a Cristo —dijo Tremendo— el cobarde y hablador tú lo eres, y te lo sostengo de este modo...

Diciendo y haciendo sacó el sable, y Modesto, más ligero que una pluma, sacó también el suyo y se puso en estado de defensa.

Pero dejémoslos con los sables en las manos, reservando

la noticia del fin de su reñidísima campaña para el capítulo que sigue, pues éste ya va muy largo y el prudente lector tendrá ganas de fumar, de tomar un polvo, toser o estornudar, y no será razón impedirle que tome un poco de resuello.

CAPITULO IV

Con los sables levantados en el aire quedaron nuestros dos bravos campeones en el capítulo pasado; pero no los tuvieron ociosos mucho tiempo. Tremendo tiró un furioso tajo sobre la cabeza de Modesto, quien le hizo un quite muy diestro, pero desgraciado para mí, porque el sable se deslizó sobre mi hombro izquierdo y no dejó de lastimarme.

Yo me irrité como debía, y acordándome de las lecciones que me habían dado mis amigos sobre que no me dejara de nadie, que vengara cualquier ofensa, por leve que fuese, y que no disculpara la más ligera falta que contra mi respetable persona se cometiera; acordándome, digo, de éstas y otras máximas morales, tan bellas y seguras como las dichas, me encendí en rabia, y como poco acostumbrado al uso del sable, se me olvidó echar mano a él, y afianzando el vaso de aguardiente que tenía delante, lo arrojé a la cara de Tremendo; pero tuvo la fortuna de que se le quebró en el botón del sombrero, y se le introdujo algún licor en los ojos. Entonces dos veces ciego con la cólera y con el alcohol, se enfureció terriblemente y comenzó a tirar tajos y reveses al montón que Dios crió; pero tantos, tan seguidos y sin orden, que a todos nos puso en cuidado aquel maldito loco.

El alboroto fue terrible; los vasos, escudillas, botellas, mesas y demás muebles del café andaban rodando por el

suelo, y nosotros harto hacíamos en defendernos con las sillas. Los pobres dueños de la casa estaban divididos en sus
opiniones: unos querían pedir auxilio al cuerpo de guardia
inmediato y otros se oponían porque no les tocara la peor
parte.

Los gritos, golpes, bulla y algazara eran insufribles,
hasta que, por fortuna, dos compañeros tuvieron lugar de
afianzar por los brazos a Tremendo. Entonces le quitaron
el sable, le metieron a lo más interior de la casa y trataron
todos de serenarle, lo que no se pudo conseguir, porque
Tremendo toda la furia que tenía con Modesto, la volvió
contra mí, y echando votos y maldiciones me maltrató a
su placer, y concluyó jurando vengarse a fe de caballero
y satisfacer el ultraje de su honor con la espada en la
mano.

—Para lo cual, si tu nacimiento es noble —me decía—
y si eres tan valiente en el campo, cuerpo a cuerpo, como
en los cafés, rodeado de tus amigos, a las cuatro de esta
tarde te espero solo con mi sable en el cementerio de San
Lázaro. Sé que no irás porque eres un cobarde; pero con tu
miedo me daré por satisfecho, mi honor quedará con lustre,
y tú pasarás por un infame entre los camaradas.

Diciendo esto, se marchó sin esperar respuesta.

Todos se miraban con atención, y con la misma me
veían a la cara. Yo conocí cuánto significaba su admiración
y su silencio; y aunque es verdad, como que me he de
morir, que yo le tenía bastante miedo a Tremendo y que
le hubiera dado todo lo que tenía en el bolsillo por que no
me hubiera desafiado, me avergoncé de haber callado y,
haciendo de tripas corazón, les dije:

—No hay cuidado amigos, no hay cuidado; está admi-
tido el duelo, a la tarde nos batiremos en el campo. ¿Qué

se dijera de don Catrín Fachenda si, en el primer lance público de honor que se le ofrece, manifestara cobardía? No, de ninguna manera huiré la cara al peligro. Bueno fuera que un militar, que no debe temer una fila entera de enemigos, tuviera miedo a una patarata hablador como Tremendo. Dos brazos tiene él como yo, un sable llevará tan bueno como el mío, y no ha de dejar a guardar su corazón en su casa como ni yo tampoco. Puede matarme y yo también puedo matarlo a él, que será lo más seguro. Ya le tengo lástima, porque si le acierto el primer tajo así como el vasazo de aguardiente, bien puede ver dónde lo entierran.

No dejaron algunos de reírse de mis bravatas; pero todos apoyaron mi determinación de admitir el duelo, y yo conocí que me consideraron por hombre valiente, de honor y de resolución; menos Modesto, quien me dijo:

—Vamos, amiguito, déjese usted de locuras y quijotadas. Hacer un desafío y admitirlo, no prueba el más mínimo valor. Se hacen por venganza y se admiten por soberbia.

"No consiste el honor en la punta de la espada, sino en lo bien ordenado de las costumbres. Más valor se necesita para perdonar una injuria que para vengarla; esto todo el mundo lo conoce y lo admira, y la historia nos conserva millares de ejemplos que comprueban esta clase de verdadero heroísmo.

"Cualquier alma noble se enternece al oír la generosidad con que José en Egipto perdonó a sus pérfidos hermanos que, de muchacho, le vendieron a unos mercaderes por esclavo. Mayor parece David cuando perdona a su enemigo Saúl la vida que cuando camina a vengarse de la bárbara grosería del marido de Abigail. Alejandro, César, Marco Aurelio y otros lloraron por la muerte de sus capita-

les enemigos, sintiendo los dos últimos el no haber tenido
la gloria de perdonarlos. Echaban en cara al emperador
Teodosio el joven, que era muy humano con sus enemigos;
y el respondió: 'En verdad que, lejos de hacer morir a mis
enemigos vivos, quisiera resucitar a los muertos.' ¡Qué
respuesta tan propia de un emperador, digno de serlo!

"Sería cansaros, amigo, y cargar yo con la nota de un
pedante que pretende vomitar de una vez toda su erudición,
si dijera aquí todos los sucesos ilustres de esta clase que se
me vienen a la memoria: baste repetir que el perdonar una
injuria es más glorioso que el vengarla. Por eso dice Dios
por Salomón: 'El hombre pacífico es mejor que el valiente
y animoso; y el que dueño de sí mismo sabe dominar su
corazón, vale más que el conquistador de las ciudades.' [1]

"El vencer un hombre a un enemigo puede consistir en
una contingencia, que después se atribuye a valor, habilidad
o fortuna; pero el vencerse a sí mismo prueba sin duda un
uso recto de la razón, un gran fondo de virtud y un alma
noble. En ninguna ocasión lucen mejor estos vencimientos
que cuando se perdonan las injurias; entonces sí, entonces
se conoce la superioridad de un alma grande. Por esto decía el conocido y célebre Descartes: 'Cuando me hacen una
injuria, procuro elevar mi alma tan alto que la ofensa no
llegue hasta mí.' Según esto ¡qué grande no fue el elogio
que Cicerón hizo de César cuando dijo 'que nada olvi-
daba sino los agravios que le hacían!' Esta sola expresión en boca del orador romano, nos retrata la bondad de
aquel grande hombre.

"Al contrario, el vengativo manifiesta de a legua su
vileza y la ruindad de su corazón; verdad que conocieron

---

[1] Proverbios, XVI, 32.

los gentiles no ilustrados con las luces del Evangelio. 'El querer vengarse —decía Juvenal— es la seña inequívoca de un ánimo débil y de una alma pequeña.'

"Por lo común, los espadachines y duelistas no son sino los más malvados y groseros con todo el mundo. Ignorantes de lo que es el verdadero honor, pretenden acogerse a él para vengarse y satisfacer su excesiva soberbia; y si en cualquier ciudadano es abominable este ruin carácter, lo es aún más en un militar, en quien se debe suponer que no ignora lo que es honor verdadero ni las leyes de la buena educación que nos prescriben ser atentos, afables y prudentes con todos.

"Con razón Teodorico escribía a sus militares pendencieros: 'Volved vuestras armas contra el enemigo, y no os sirváis de ellas los unos contra los otros. Jamás unas querellas poco importantes en sí mismas os conduzcan a excesos represibles. Someteos a la justicia que hace la felicidad universal. Dejad el acero cuando el Estado no tiene enemigos, pues es un gran crimen levantar la mano contra los ciudadanos por cuya defensa sería glorioso exponer la vida.'

"Yo, compañeros, conozco que tal vez os habrá disgustado mi larga arenga; pero dispensadme, pues todos mis esfuerzos se dirigen a que el caballero don Catrín prescinda, como debe, del duelo para que está citado, y que viva en la inteligencia de que nada pierde por esto del buen concepto que se merece entre nosotros."

—Eso no puede ser —dije yo— porque será pasar por un cobarde y un infame en la opinión de Tremendo.

—Lo contrario será si usted admite el desafío —me contestó Modesto—. En tal caso sí será usted un infame por las leyes y un excomulgado por la Iglesia, que negará aun un lugar sagrado a su cadáver si muriere en el desafío. Como militar nuevo, aun no habrá visto usted la real pragmática sobre este punto; pero por fortuna tengo en el bolsillo el tomo 3º de las *Ordenanzas militares* donde se halla, y se la he de leer a usted toda aunque no quiera, para que no alegue ignorancia ni me culpe si yo lo denuncio, caso de que persista en su intención de admitir el desafío que le han hecho: Oiga usted: "Don Felipe... etc."

Aquí nos encajó toda la cédula al pie de la letra y luego prosiguió.

—No puede estar más clara la benéfica intención del legislador en beneficio de la humanidad. Ni sólo en España se ha hecho abominable la maldita costumbre de los duelos, nacida desde tiempos atrás entre las naciones bárbaras y feroces del norte. Gustavo Adolfo, su primer conquistador, el que trató de reducir a aquellas gentes a la mejor civilización, en el siglo XVI, sabiendo que los duelos comenzaban a hacer destrozos en su ejército, los prohibió con pena de muerte. Sucedió, dice el abate Blanchard, que dos de sus principales oficiales se desafiaron y pidieron al rey licencia para batirse cuerpo a cuerpo. El rey al pronto se indignó de la proposición; pero sin embargo consintió en ella, añadiendo que quería ser testigo del duelo. Fue a él con un pequeño cuerpo de infantería que colocó alrededor de los dos valientes, diciéndoles: "Vamos; firme, señores: combatid ahora mismo hasta que uno de vosotros dos caiga muerto." A seguida hizo llamar al verdugo del ejército y le dijo: "Al instante que muera uno de los dos, córtale al otro la cabeza delante de mí." Esto bastó para que, reconociendo ambos su soberbia necedad, implorasen el perdón del rey, reconciliándose para siempre y dando con este ejemplar una lección tan eficaz en Suecia, que desde entonces no se oyó hablar más de los duelos en el ejército.[1]

—¡Cáspita en la sentencia! —dijo Taravilla— ese era el juego del gana pierde pues, en riñendo, los dos morían; mas no se puede negar que la intención del rey fue buena, pues no quiso que muriera ninguno.

Con esto se concluyó nuestra sesión; porque dieron las dos de la tarde y cada uno nos despedimos para irnos a comer a nuestras casas.

Yo llegue a la mía. Comí con inquietud, porque cuanto dijo Modesto lo tuve por un efecto de cobardía; y resuelto a admitir el duelo, apenas me tiré en la cama un corto rato para pasar la siesta, y sin dormirme, pues estaba pendiente del reloj.

Dieron las tres y media y al instante me levante, tomé mi sable, marché para San Lázaro, encontré con Tremendo, reñimos y quedamos amigos, como veréis en el capítulo que sigue.

---

[1] Blanchard, *Escuela de las costumbres.*

CAPITULO V

LARGO PERO MUY INTERESANTE

Hallé a Tremendo paseándose frente del cementerio de San Lázaro. Su vista, su cuerpazo, sus grandes bigotes y la soledad del campo me infundieron tanto temor que las rodillas se me doblaban, y más de dos veces tuve por volver la grupa; pero él me había visto y mi honor no debía quedar mal puesto en su opinión.

Con esta consideración y acordándome que a los atrevidos favorece la fortuna, que quien da primero da dos veces, y que toda la valentía que para estos casos se requiere es resolverse a morir o matar a su enemigo al primer golpe, me acerqué a Tremendo con mi sable desnudo, y a distancia de doce pasos le dije:

—Defiéndete, cobarde, porque va sobre ti todo el infierno.

El fuerte grito con que pronuncié estas palabras, el denuedo con que corrí a embestirle, los muchachos tajos, reveses y estocadas que le tiré sin regla, la ninguna destreza que él tenía en el manejo de su arma, y mi atrevida resolución para morir impusieron a Tremendo de tal modo, que ya no trataba de ofenderme sino de defenderse solamente.

—Sosiégate, chico —me decía— sosiégate: si todo ha sido broma por verte y conocer su valor; quiero yo soy tu amigo y no quiero reñir con seriedad.

Por estas expresiones advertí que me había reconocido alguna superioridad sobre su sable; pero acordándome que donde las dan las toman, y que a veces el miedo acosado hace prodigios de valor, como lo acababa de hacer conmigo, me resolví a ceder, pues ya mi honor quedaba en su lugar y el formidable Tremendo se me daba a partido.

Me retiré tres pasos atrás y con un tono harto grave le dije:

—Yo dejo de reñir porque me protestas tu amistad; pero para otro día no te chancees con tanto peligro de tu vida.

Tremendo me ratificó de nuevo su cariño; los dos juramos sobre nuestras espadas no decir a nadie lo que había pasado; envainamos los sables, nos abrazamos estrechamente, nos besamos en los carrillos, y nos fuimos al café muy contentos. En esto paró nuestro terrible desafío.

En el camino le conté todo lo que había dicho Modesto acerca de los duelos, y cómo están *desaforados* los militares y caballeros de órdenes que desafiaren, admitieren el desafío o intervinieron en él de cualquier modo, con la pena de aleves y perdimiento de todos sus bienes; y que si tenía efecto el desafío, aunque no haya riña, muerte o herida, con tal que se verifique que han salido al campo a batirse sean castigados, *sin remisión alguna,* con pena de muerte.

—Todo esto sabía yo —me respondió Tremendo— y por eso quise excusar la riña sin herirte, si no ¡voto a Cristo! que en la salida que hiciste sobre la izquierda te pude haber tirado la cabeza sobre las astas de Capricornio; pero soy tu amigo, tengo mucho honor, y sólo te desafié por una chanza y por experimentar si eras muchacho de valor. Ahora que sé que lo tienes, seré tu amigo eterno, y a los dos juntos no nos acobardarán todas las furias del infierno desatadas en contra nuestra. Pero te advierto que tu amistad no la dediques sino a mí, a Precioso, a Taravilla, a Tronera y a otros semejantes; y de ningún modo a Modesto, a Prudencio, a Constante, a Moderato, ni a otros oficiales hipócritas y monos de que por desgracia abunda nuestro regimiento. Estos jóvenes tontos y alucinados por los frailes, te predicarán como unos misioneros apostólicos, llenarán tu cabeza de ideas sombrías y pensamientos fúnebres; pero no seas bobo, acompáñate con mozos festivos y corrientes como yo, si es que quieres pasarte una vida alegre y sin tormentos.

Entretenidos con estos santos coloquios llegamos al café. Luego que nuestros camaradas nos vieron, manifestaron su alegría; porque como presenciaron el desafío y no nos habían visto en la tarde, creyeron que ya nos habíamos hecho pedazos en el campo.

Nos preguntaron por el éxito de nuestro duelo y respondió Tremendo que todo no había pasado de una chanza, porque jamás tuvo intención de reñir conmigo a sangre fría. Todos se mostraron gustosos por el buen remate del desafío y, después de tomar café, nos separamos.

Dos años viví contento, aprendiendo mil primores de mis amigos Tremendo y compañeros. Sus máximas para mí eran el evangelio y sus ejemplos la pauta por donde reglaba mis costumbres.

En pocos días me dediqué a ser marcial, a divertirme con las hembras y los naipes, a no dejarme sobajar de nadie, fuera quien fuera, a hablar con libertad sobre asuntos de estado y de religión, a hacerme de dinero a toda costa y a otras cosas como éstas, que en realidad son utilísimas a todo militar como yo.

Los oficiales Modesto, Justo, Moderato y otros faná-

ticos alucinados como ellos, me molían cada instante con
sus sermones importunos, en los que me decían que las máximas que yo adoptaba y las costumbres que trataba de
imitar eran erróneas y escandalosas; que con el tiempo
no sería sino un libertino, jugador, provocativo, estafador,
desvergonzado, atrevido y blasfemo; que viera que cuanto
mayores grados tuviera en el servicio del rey, tantas mayores obligaciones tenía de ser buen caballero y buen cristiano, pues lo que en el soldado raso se castiga con prisión
o baquetas, en el cadete u oficial se debe castigar con pena
más grave, pues en éste se deben suponer mejores principios, mayor ilustración y, de consiguiente, más honor y
más obligación.

Estas y otras mil cosas me decían, y las contrarias mis
amigos. Estos me repetían que eran simplezas, hipocresías
más obligación.

—Ríe con los que ríen —me decía Taravilla—. ¿Acaso
las leyes del magistrado, las reglas del fraile y los estatutos
de las cofradías son lo mismo que los ordenanzas militares?
No lo creas aunque te lo juren. El militar, así como en el
traje, se debe diferenciar en proceder del letrado, del fraile,
del oficinista, del labrador, del artesano, del comerciante, del eclesiástico y de toda clase de paisano ¿Habrá gusto
como seducir a una casada, engañar a una doncella, dar
dos cuchilladas a un fanático, burlarse de la justicia de
uno de éstos que se dicen arreglados, pegar un petardo
a un avariento, mofarse de un hipócrita y hablar con
magisterio aun de lo que no entendemos? Vaya, Catrín,
tu tienes poco mundo y no conoces el siglo ilustrado en
que vives. Ríete, ríete una y mil veces de las necedades
de algunos oficiales compañeros míos, que procuran con
sus boberías hacerte monje capuchino con cordones en el

hombro. Es verdad que en el regimiento todos los quieren, que sus jefes los aprecian, que los paisanos tontos los admiten en sus casas, y que ellos están envanecidos con estos obsequios aparentes; pero en realidad ¿qué son sino unos serviles complacedores del gusto de los santuchos y moralistas rígidos? Pero tú, amigo, no te repliegues en tan estrechos límites; ensánchate, expláyate, diviértete al modo de los que llaman *libertinos;* no haya muchacha que no sea víctima de tu conquista; no haya bolsa segura de tus ardides; no haya virtud libre de tu fuerza, ni religión ni ley que no atropelle tu lengua, ayudada de tu ilustradísimo talento, y entonces serás el honor de los Catrines y la gloria de tu país.

Como mi corazón siempre ha sido muy dócil, aproveché estas lecciones grandemente. Di de mano a los importunos predicadores, me entregué del todo a los placeres, y me pasé dos años... ¡ah, qué dos años! los más alegres que se pueden imaginar.

Dentro de pocos días, gracias a los saludables consejos y edificantes ejemplos de mis amigos, dentro de pocos días ya echaba yo un voto y veinte desvergüenzas con el mayor desembarazo, me burlaba de la religión y sus ministros; y el jugar mal, quitar un crédito y hacer otras cosillas de éstas, me parecían ligerezas, puntos de honor y urgencias de la necesidad.

Si el primer año de esos dos fue bueno, el segundo fue inmejorable, porque a sus principios se le puso a mi padre en la cabeza la majadería de morirse, y se salió con ella; mi madre no tuvo valor para quedarse sola, y dentro de un mes le fue a acompañar al camposanto.

Increíble es el gusto que yo tuve al verme libre de ese par de viejos regañones, que aunque es verdad que me querían mucho y jamás se oponían a mis ideas, sin embargo, no sé qué contrapeso me hacían con su encierro y caras arrugadas. Es verdad que algunas malas lenguas dijeron que yo los había matado a pesadumbres; pero fue una calumnia de gente maliciosa, pues yo siempre he sido hombre de bien, como habéis visto y seguiréis viendo en el discurso de mi vida.

Algunas alhajitas, ropa y muebles me dejaron mis padres, y como cosa de quinientos pesos en moneda corriente, lo que jamás agradecí, pues no teniendo arbitrio para llevárselo, era preciso que se lo dejaran a su buen hijo.

Luego que pasaron los nueve días, se convirtió mi casa en una Arcadia. Todos mis amigos y mis parientes los catrines me visitaban a porfía; los almuerzos y juegos eran frecuentes; las tertulias eran la diversión favorita de todas las noches, a ellas concurrían mis camaradas así militares como paisanos, y un enjambre de muchachas corrientes y marciales, de las cuales las más eran de título, aunque no de Castilla; pero, en fin, cantaban, bailaban y nos divertían a nuestro antojo.

Se deja entender que yo erogaba los más de los gastos ordinarios; y aunque veía que se me arrancaba por la posta, no se me daba cuidado, porque mis amigos decían que yo era muy liberal y generoso, que lo que me faltaba era dinero; pero que tenía unas partidas excelentes.

En medio de estas alabanzas se me arrancó de cuajo, y por la friolera de cuatro o cinco meses que debía de arrendamiento, se presentó el casero al coronel, y logró que le desocupara la casa, con lo que cesó de una vez la diversión.

Un gollorín y un baúl viejo, fueron los únicos muebles que saqué, porque los demás, que eran pocos y malos, se quedaron por la deuda. Yo me refugié a la casa de Taravilla, que era una viviendita en casa de vecindad.

Desde esta época comenzaron mis trabajos, porque ni él ni yo teníamos blanca. El pan de cada día era lo que menos trabajo nos costaba buscar, porque teníamos muchas visitas, y en unas almorzábamos, en otras comíamos y cenábamos en otras, tomando café algunas veces con los amigos; pero el lujo necesario a nuestra clase y que no podíamos sostener, nos era el tormento más insoportable, especialmente para mí, que no contaba sino con once pesos de sueldo, que no alcanzaba con ellos ni para botas.

En medio de esta consternación vi en un balcón a una muchacha como de diez y nueve años, flaca, descolorida, con dos dientes menos, de nariz roma y con una verruga junto al ojo izquierdo del tamaño de un garbanzo grande.

Como estaba muy decente y en una gran casa, la saludé por ver lo que salía, y ella me correspondió con agrado.

No me fue su cariño muy lisonjero por su mala figura; pero contándole a mi compañero el lance, me dijo:

—Ya tomaras el que esa muchacha te quisiera: tu felicidad en ese caso serían bien segura; porque esa fea es hija de Don Abundio, viejo muy rico, y desde que nació la está dotando su padre con mil pesos anuales, de manera que tiene tantos miles cuantos años. Ya apetecieras que se casara contiguo aunque tuviera cincuenta años, pues llevaría a tu lado cincuenta mil pesos. Sin embargo, diez y nueve o veinte mil no son tercios de paja, y así tírale seguido y no seas bobo.

Animado yo con tan favorables noticias, me dediqué a cortejarla sin recelo. Mis paseos por su calle eran frecuentes, y ella siempre correspondía mis salutaciones con agrado.

Llegué a escribirla, y también me escribió; tal cual vez le envié con una criada unas naranjas, un pañuelo de uvas y otros regalos semejantes, porque no podía hacerlos mejores; ella los admitía con cariño y me los correspondía con liberalidad. Una ocasión me envió un bulto de estopilla, y otra una caja de polvos de oro.

Semejante proceder me enamoraba más cada día, y ya contaba yo con la polla en el plato. Es cierto que su mal cuerpo y peor cara me eran repugnantes; pero ¿qué no se debe disimular —decía yo a mi casaca— por veinte mil duros? Con mil o dos mil pesos dándole cuanto gusto quiera la entierro en un año, y me quedan libres diez y ocho.

Con este pensamiento le traté de boda, y ella me dijo que estaba corriente, pero que hablara a su padre sobre ello por medio de una persona de respeto.

Demasiado conocimiento tenía yo de mi mérito para valerme de embajadores que echaran a perder mi negocio, y así yo mismo fui a su casa, y cara a cara le dije a su padre mis santas intenciones.

El perro viejo me oyó con harta calma y me dijo:

—Amigo, es verdad que yo le agradezco a usted mucho que ame a mi hija con el extremo que me ha pintado; pero ya la ha visto bien: es feícita; y si yo que soy su padre lo conozco ¿cómo usted no lo ha de conocer? La naturaleza le negó sus gracias, pero la fortuna la ha dotado de bienes. Algunos bienes tiene para subsistir sin casarse, y aun para hacerse tolerable a un buen marido, si fuere su vocación el matrimonio. Si está de Dios que usted lo sea, lo será sin duda alguna; pero es menester que no sea muy pronto sino que ambos dejen pasar algún tiempo para examinar bien su vocación.

Con estas palabritas me despidió el viejo, diciéndome que volviese al fin de un mes a saber qué había pensado su hija. Yo me desesperé; pero me fue preciso condescender.

Entre tanto, supe que se informó despacio de quién era yo y cuál mi conducta, la que no le acomodó, porque cuando volví a verlo me recibió con desagrado, y redondamente me dijo que no daría a su hija a ningún hombre de mis circunstancias, porque no pensaba en hacerla infeliz.

Me incomodé bastante con tan agria respuesta, no debida a un caballero de mis prendas; propuse vengarme de Don Abundo hurtándole la hija; propuse a ésta la fuga; la admitió; concertamos el plan, y en la noche destinada para el robo me entré a la casa, me metí dentro de un coche que estaba en el patio, y envié a avisar a Sinforosa, que así se llamaba la chata.

A pocos minutos bajó ella con un baulito de alhajas y dinero, al que sólo tuve el gusto de tomarle el peso. Ya estaba conmigo en el coche, esperando la mejor coyuntura para marcharnos, cuando he aquí que sin saber cómo se nos presenta el maldito viejo con una pistola en una mano, acompañado de un dependiente que llevaba un farol con harta luz.

Cada uno tomó un estribo del coche: el viejo miró a su hija con ojos de serpiente pisada, y le dijo al cajero:

—Llévese uste a esta loca allá arriba, y haga lo que le he mandado.

Al punto bajó la triste chata llorando y se fue con el dependiente.

Luego que el viejo se quedó solo conmigo me dijo:

—Salga de ahí el pícaro seductor; vaya, salga.

Yo no tenía ni tantitas ganas de salir, no sé dónde se me escondieron mis bríos. El diablo del viejo conoció mis pocas ganas de reñir, y aprovechándose de lo que le pareció temor, me afianzó del pañuelo, me dio dos o tres estrujones, me arrancó de la almohada y me hizo salir del coche a gatas y todo desaliñado.

Yo, al verme maltratar de un viejo como aquél, quise echar mano a mi espada; pero ¡qué fuerzas tenía el achicharronado señor! Apenas lo advirtió, cuando me dio tan soberbio tirón que me arrojó a sus pies contra mi voluntad. Entonces le dije:

—Advierta usted, amigo, que no me trate tan mal, porque soy un señor cadete que ya huelo a abanderado, y soy, a más de esto, el caballero don Catrín, hombre noble y muy ilustre por todos mis cuatro lados; y si ahora respeto sus canas, mañana revolveré mis ejecutorias y mis árboles genealógicos, y verá usted quién soy, y que lo puedo perder con más facilidad que un albur a la puerta.

Algo se intimidó el perro viejo, si no es que me dejó porque se cansó de darme de patadas. Lo cierto es que me soltó diciéndome:

—Váyase enhoramala el tuno, bribonazo, sinvergüenza. ¡Qué caballero ha de ser ni qué talega! Si fuera noble, no obrara con vileza; pero ya me dijo quién es: sí don Catrín, ya, ya sé quiénes son los Catrines. Márchese de aquí, quítese de mi vista antes que le exprima esta pistola.

Yo, por evitar cuestiones, me salí, y a mi compañero no le quise contar un lance tan vergonzoso porque no había de creer que mi poco enojo había sido efecto de mi grande prudencia, sino de mi mucha cobardía, y era muy regular que se espantara al ver que quien no había temido a Tremendo con su espada, temiera a un viejo chocho despreciable.

Sin embargo de mi silencio, yo en mi interior juré vengarme de él y llevar, en caso necesario, una compañía de granaderos para el efecto.

Tales eran mis intenciones aun al día siguiente; pero como muchas se frustran, se frustraron las mías en un instante.

A las ocho de la mañana, hora en que aún no pensaba levantarme de la cama, tocó la puerta un soldado de ordenanza. Le abrió mi compañero, entró y me dijo que el coronel me esperaba dentro de media hora.

Yo, creyendo que me quería hacer saber mi nuevo ascenso de alférez, me vestí muy contento y fui a verlo.

Me recibió con una cara de vinagre y me dijo:

—¿Qué, usted ha pensado que el ser militar es lo mismo que ser un pícaro declarado, sin freno, sin ley y sin rey? Ya no puedo sufrir las repetidas quejas que me dan de su mala conducta; y tengo hechas con usted cuantas diligencias me ha dictado mi obligación.

"Todo ha sido en vano: usted lejos de reformarse, de asistir a las academias y asambleas, de separarse de los malos amigos y de portarse como un oficial de honor, no ha hecho sino abusar de mi prudencia, escandalizar a los buenos, exceder en tunante a los malos, y mañana me pervertirá a los más arreglados.

"Bien se acuerda usted del pasaje de anoche; no quiero referírselo, porque yo mismo me avergüenzo; pero tampoco quiero que permanezca en mi regimiento un bicho tan insolente y atrevido como usted, y así dentro de tres días solicite su licencia absoluta. Y si no lo hace, se expone a un bochorno y a salir del regimiento con todo deshonor. Conque haga usted lo que quiera y vaya con Dios."

Diciendo esto, tomó su sombrero y su bastón, y se marchó para la calle, dejándome con la palabra en la boca.

Lleno de confusión me salí de su casa y me fui para la mía. Consulté mis cuidados con mis amigos, y todos me aconsejaron que pidiera mi licencia; porque si no el coronel me desairaría y me cogería a cargo hasta echarme conforme a ordenanza, por visioso e incorregible.

Me fue muy pesado allanarme a tomar este consejo; pero conociendo que si quería me salía del regimento y si no me echaban, adopté el partido de salirme antes que otra cosa sucediera.

Con esta determinación solicité mi licencia, la que se me facilitó muy pronto, y cátenme ustedes de paisano, transformación que no me agradaba ni tantito; pero ya no había más remedio que conformarme con mi suerte y continuar mi carrera según se proporcionara.

Así lo hice, y así lo veréis en el discurso de esta grande, sublime y verdadera historia.

CAPITULO VI

EN EL QUE SE VERÁ CÓMO EMPEZÓ A PERSEGUIRLO LA FORTUNA Y LOS ARBITRIOS QUE SE DIO PARA BURLARSE DE ELLA

Apenas me quedé en el aire, sin ser letrado, militar, comerciante, labrador, artesano ni cosa que lo valiera, sino de paisano mondo y lirondo, cuando me volvieron la espalda mis antiguos camaradas los oficiales.

Ninguno de ellos me hacía el menor aprecio, y aun se desdeñaban de saludarme; tal vez sería porque estaba sin blanca, pues en esos días mi traje no era indecente, porque con lo que saqué de mi uniforme que vendí, compre en el Parián un fraquecillo azul, un sombrero redondo, un par de botas remontadas, un reloj en veinte reales, una cadena de la última moda en seis pesos, una cañita y un pañuelo.

Aún tenía un par de camisas, dos pantalones, dos chalecos y dos pañuelos blancos, con lo que me presentaba con decencia.

Mi camarada Taravilla me despidió políticamente de su casa, diciéndome que no era honor suyo tenerme a su lado después de lo que se hablaba de mí, y hemos de estar en que él era quien hablaba más que nadie; pero añadió:

—Ya ves, hermano, que el coronel te tiene en mal concepto, y si sabe que vives conmigo, dirá que yo soy lo mismo que tú; me traerá entre ojos y se me dificultarán mis ascensos. Conque múdate, tata, y múdate de hoy a mañana.

Yo que tengo bastante talento para conocer todas las cosas, conocí que él temía perder la poca gracia que tenía con el coronel; juzgué que le sobraba razón y tomé un cuartito que me ganaba doce reales en la calle de Mesones. Mudé en un viaje todos mis muebles y me despedí de Taravilla.

Sólo yo en mi casa, con suficiente ropa y decencia, estaba muy contento, cuando me acordé que no tenía ni para desayunarme al día siguiente. En esta consternación recurrí a mis antiguos arbitrios. Me fui a un café, me senté en una silla, llegó un mozo a preguntarme qué tomaba; le dije que nada, hasta que llegara un amigo que estaba esperando.

En efecto, el primero que llegó fue mi amigo; porque lo comencé a adular tan seguido y con tanta gracia, que él, pagado de ella, me ofertó café, y yo admití sin hacerme del rogar.

A seguida le conté mil mentiras, asegurándole que entre mis trabajos lo más que sentía era tener una hermana joven y bien parecida, a la que estaba en obligación de sostener mientras se ganaba cierta herencia que le pertenecía, pues a más de ser su hermano era su apoderado; pero que por fortuna ya el negocio presentaba buen semblante, según decía nuestro abogado, y sería cosa de que dentro de dos meses nos entregarían lo menos seis mil pesos. En este caso decía yo al nuevo amigo, pagaré algunos piquillos que debo, y procuraré casar a mi hermana con algún hombre de bien, aunque sea pobre, con tal que su sangre sea tan buena como la mía; porque ya usted sabe que la generación de los Catrines es tan numerosa como ilustre.

—Y como que sí es —contestó el amigo—. Yo por dicha mía soy de la misma raza, y me glorío tanto de serlo que no me cambio por el más noble señor del mundo entero.

Entonces yo, levantándome de la silla y dándole un estrechísimo abrazo, le dije:

—Celebro esta ocasión que me ha proporcionado conocer un nuevo pariente.

—Yo soy quien gano en ello, señor mío —re respondió y me dio mil parabienes, ofreciéndome todos sus arbitrios y persona; me juró que su amistad sería eterna; pero que me rogaba que lo tratara con toda satisfacción, pues él la tenía en ser un legítimo catrín, amigo y compañero mío.

No contento con prodigarme tantas expresiones cariñosas, hizo llegar aguardiente, y no poco. Bebimos alegremente y luego que el áspero licor envió sus ligeros espíritus a la cabeza, comenzó a contarme la historia de su vida con tanta ingenuidad y sencillez que en breve conocí que era un caballero ilustre, rico, útil a la sociedad, de una conducta irreprensible... en fin, ni más ni menos como yo. Y como *pares cum paribus facile congregantur,* o cada oveja con su pareja, para que ustedes lo entiendan, luego que yo supe quién era y tan a raíz, lo confirmé en mi amistad y le dije que pondría en sus manos todos mis asuntos.

El manifestó su gratitud con otro medio cuartillo del rebajado, y desde el primer nuevo brindis nos tratamos de *tú,* con lo que se acabó de asegurar nuestra amistad.

A este tiempo entraron cuatro o cinco caballeritos de fraques, esclavinas y ridículos, unos muy decentes y otros decentes sin el muy.

Saludaron todos a Simplicio, que así se llamaba mi nuevo amigo, y lo saludaron con bastante confianza y a mí con mucho cumplimiento; se sentaron con nosotros, bebieron de nuestros vasos, y en un momento supe que todos eran mis parientes.

Yo manifesté mi alegría al ver cuán dilatada era mi generación, pues en todas partes encontraba Catrines tan buenos como yo.

En aquel momento quedamos todos amigos. Uno de ellos, sin ninguna ceremonia, dijo a Simplicio:

—Vaya hermano, haz que nos traigan de almorzar, pues tú estás de vuelta y nosotros arrancados. Hoy por mí y mañana por ti.

Simplicio era franco, tenía dinero, y así no fue menester segunda instancia. Mandó llevar el almuerzo y habilitamos nuestros estómagos a satisfacción, especialmente yo, que almorcé a lo desconfiado, por si no hallaba donde comer al mediodía.

Luego que se acabó el almuerzo, se despidieron los amigos y Simplicio me dijo que quería conocer a mi hermana, que le llevara a casa, si es que lo había figurado hombre de bien y digno de ser su amigo.

Aquí fueron mis apuraciones, porque yo no tenía hermana ni cosa que se le pareciera. No tuve más arbitrio para excusarme sino decirle que me parecía muy bien su deseo y desde luego lo cumpliera si no hubiera yo tomado tanto aguardiente, pues mi hermana vivía conmigo y una tía muy escrupulosa, que si me olía me echaría tan gran regaño que me haría incomodar demasiado, y al mismo tiempo juzgaría que el nuevo amigo tenía la culpa y era un pícaro que se andaba embriagando por las calles, enseñando a borracho a su sobrino; y así que mejor sería que fuera a conocer a mi hermana al día siguiente. Simplicio se convino de buena gana, pues ya le parecía que mi hermana era muy bonita, que ganaba el pleito, se casaba con ella y tenía tres o cuatro mil pesos que tirar.

Yo advertí lo bien que me había salido mi arbitrio, traté de llevarlo adelante y aprovecharme de él.

Desde luego le dije que por haberme estado en su amable compañía había perdido la mañana y no tenía nada que llevar a mi casa, que me prestara un par de pesos sobre mi reloj.

—Quita allá —me dijo—. ¿Yo había de recibir ninguna prenda a un amigo, a un deudo y compañero que tanto estimo? Toma los dos pesos y mira si se te ofrece otra cosa.

Embolsé mis dos duros muy contento, lo cité para la mañana siguiente en el mismo café y nos despedimos.

No quise comer por no descabalar mis dos pesos; pero por pasar el rato me fui a un billar, donde por fortuna mía estaba un chanfle con quien jugué y le gané cinco pesos.

A las cuatro de la tarde me salí a buscar entre mis antiguas conocidas alguna muchacha que quisiera ser mi hermana, y alguna vieja que desempeñara bien el papel de tía.

En vano recorrí mis guaridas: ninguna de mis amigas quiso hacerme el favor, por más que yo les pintaba pájaritos. Todas temían que yo les quería jugar alguna burla.

Cansado de andar y desesperado de salir con bien de la empresa, determiné irme a tomar chocolate, como lo hice.

Estaba yo tomándolo, cuando entró una muchacha, no indecente ni de malos bigotes, acompañada de una vieja. Se sentaron en la mesita donde yo estaba; me saludaron con mucha cortesía; les mandé llevar cuanto pidieron, y de todo ello resultó lo que yo deseaba: la joven se comprometió a ser mi hermana y la viejecita mi tía.

Ya se deja entender que eran unas señoras timoratas y no podían sospechar de un caballero como yo que abusara de tan estrecho parentesco, y así no tuvieron embarazo para ofertarme su casa, y yo quise honrarme con su buena compañía.

Quisieron ir al Coliseo; las llevé y, concluida la comedia, fuimos a cenar y después a su casa.

Innumerables sujetos las saludaron en la calle, en el teatro y en la fonda con demasiada confianza, y yo me lisonjeaba de haberme encontrado con una hermana tan bonita y tan bienquista.

Llegamos al fin a su casa, y no me hizo fuerza que ésta fuera una triste accesoria, ni que los muebles se redujeran a un canapé destripado, a un medio petate, una memela o colchoncillo sucio, y un braserito de barro en el que estaba de medio lado una ollita de a tlaco con frijoles quemados.

Ya sabía yo que esta clase de señoritas, por más lujosas que se presenten, no tienen, casi siempre, mejores casas ni ajuares.

Yo entré muy contento y la buena de mi tía no permitió que durmiera en el canapé, porque tenía muchas chinches; y así, quise que no quise, acompañé a mi hermana, porque no me tuvieran por grosero y poco civilizado.

En esa noche la instruí en el papel que debíamos todos representar con Simplicio, y al día siguiente las mudé a mi casa, después de haber pagado catorce reales que adeudaban de arrendamiento de la que tenían.

Luego que las dejé en mi cuarto, marché a buscar a mi querido amigo, a quien hallé desesperado de mi tardanza.

Tomamos café y nos fuimos a casa, en donde fue Simplicio muy bien recibido de mi afligida hermana, quien le contó tantas bonanzas futuras y miserias presentes, que excitando su compasión y su avaricia, por primera vista le dejó cinco pesos y se fue.

Ella quedó enamoradísima de la liberalidad de Simplicio, y éste lo mismo de las hermosura de Laura, que así se llamaba mi hermana.

A la tarde volvió Simplicio, y de bueno a bueno trataron de casarse luego que se ganara el pleito. Con esta confianza comenzaron a tratarse como marido y mujer, lo que no nos pareció mal ni a mí ni a la tía, pues no advertíamos la más mínima malicia en que retozaran, salieran a pasear y se divirtieran, al fin eran muchachos. Simplicio costeaba el gasto y a todos nos granjeaba el pobrecito.

Dos meses, poco más, me pasé una vida que me la podía haber envidiado el rico más flojo y regalón; porque comía bien, dormía hasta las quinientas, no trabajaba en nada, que era lo mejor; tenía tía que me atendiera y hermana bonita que me chiqueara al pensamiento.

A más de esto, iba al café, no me faltaban cuatro reales en la bolsa, y me aprovechaba de los casi nuevos desechos de Simplicio; porque éste, a más de que era liberal y estaba muy apasionado por Laura, era hijo de una madre con algunas proporciones, y tan amante como la mía, y le daba gusto en todo.

Laura, ya se deja entender que no se descuidaba de su negocio, ni tampoco la respetable tía. Todos estábamos contentos y no muy mal habilitados de ropa; mas ¡oh lenguas malditas y descomunales! Simplicio contó cuanto le pasaba con su futura novia a Pedro Sagaz, amigo y pariente mío; y este malvado, deseoso de conocer a mi hermana, le rogó que le llevara a su casa, cuando yo no estuviera en ella.

Así lo hizo el tonto de Simplicio; pero apenas conoció Sagaz a Laura, cuando le dijo:

—Hombre tonto, salvaje, majadero. ¿De qué te sirve ser catrín o marcial, tuno, corriente y veterano? Esta es una cuzquilla conocida y común, hija del difunto maestro Simón, que tenía su barbería o raspaduría en la plaza del Volador. En su vida pensó en ser parienta de Catrín, y mucho menos de tener pleitos por dinero que no ha conocido sino ahora con sus comercios. Catrín es un bribón, y se ha valido de estas perras para estafarte, y si te descuidas, entre los tres te dejan sin camisa.

Al oír Simplicio semejante denuncia, que calificó de verdadera el silencio de Laura y de la vieja, se irritó tanto que las arrebató, les dio una buena entrada de golpes y, no contento con esto, salió a la calle amenazándolas con la cárcel.

Las pobres temieron las resultas; se mudaron en el instante, llevándose sus muebles, pero habiendo tenido la heroicidad de dejarme los míos; bien que estaban tales que ni para robados servían.

Me dejaron noticia de todo lo acaecido, la llave del cuarto y se mudaron en un viaje.

Apenas se habían ido, entré yo, me hallé con la novedad, porque la casera me impuso de todo muy bien; y yo, temiendo no pagaran justos por pecadores, satisfice lo que debía de renta, llamé un cargador y me mudé también al primer cuarto que encontré.

De esta manera concluyeron nuestros felices días, y

desde que me vi sin hermana, ni tía ni amigo, comenzaron de nuevo mis trabajos.

Como el hambre me apretaba, cuando no hallaba donde echarme de huérfano a beber chocolate, comer, etc., tenía que valerme de los trapillos que me había dado Simplicio. ¡Válgame Dios, y lo que me hacían desesperar los tenderos con sus cicaterías y mezquindades! Sobre lo que valía diez pesos me prestaban doce reales con mil pujidos, y esto era cuando les daba la gana, que cuando no estaban para el paso, me quedaba con mi necesidad y con mi prenda.

En éstas y las otras, como era fuerza comer por mis arbitrios así que no hallaba donde me hicieran favor, me quedé en cueros en dos por tres; y conozco que si yo mismo hubiera hecho mis diligencias de empeñar y vender mis cosillas, algo más hubiera aprovechado; pero esto no podía ser. ¿Cómo un don Catrín de la Fachenda había de empeñar ni vender nada suyo y por su propia mano? Semejante conducta habría ajado mi honor, y malquistádome en todo mi linaje.

Forzoso era valerme de otras gentes ruines para estas diligencias. ¿Y qué sucedió? Que por lo que daban seis, me decían que no pasaban de cuatro; otros se iban con el trapo para siempre; otros recargaban las prendas; otros empeñaban mi ropa, y yo no sabía dónde. Ello es que en pocos días, como he dicho, me quedé peor que cuando encontré a Simplicio; de la noche a la mañana no tuve necesidad de lavandera, porque no tenía camisa. Estas sí que fueron ansias para un caballero como yo.

Afligidísimo al verme con un fraquecillo raído y con los codos remendados, un pantalón de coleta desteñida, un chaleco roto, pero de cotonía acolchada, un sombrero mugriento y achilaquilado, unas botas remontadas, tan viejas que al andar se apartaban las suelas como las quijadas de un lagarto, y nada más; consternado, digo, por esto y por no tener qué comer, ni casa qué visitar, pues los trapientos no caben en ninguna parte, me valí de mi talento. Pensé en aprovecharme de los consejos y ejemplos de mis amigos, y emprendí ser jugador, porque el asunto era hallar un medio de comer, beber, vestir, pasear y tener dinero sin trabajar en nada; pues eso de trabajar se queda para la gente ordinaria. El juego podía proporcionarme todo a un tiempo, y así no había sino abrazar este partido.

Lo puse por obra, y las resultas las he de decir, pero en capítulo separado.

CAPITULO VII

EMPRENDE SER JUGADOR Y LANCES QUE SE LE OFRECEN EN LA CARRERA

Ya sabéis, queridos compañeros, que en esta triste vida se encadenan los bienes y los males de modo que los unos relevan a los otros, y no hay quien sea constantemente feliz ni constantemente desgraciado.

En esta época advertí por mí propio esta nueva útil y apretada máxima, o lo que sea. Resolví ser jugador; pero, aquí de Dios. ¿Con qué principal, si no tenía un real ni quien me fiara un saco de alacranes? Sin embargo, no me desanimé; fuíme a la primera casa de juego que se me proporcionó; me paré tras de la silla del montero, que no era muy vivo; de cuando en cuando me agachaba, como que me iba a poner bien las botas, y en una de éstas le vi a la puerta el rey del albur.

Entonces avisé o "di codazo" a uno que estaba cerca de mí; tuve la fortuna de que me creyera; puso todo el dinero que tenía, y todo el que le prestaron, y le llevó al pobre montero como doscientos pesos. Me dio con disimulo seis; me ingenié con ellos, y tuve la felicidad de juntarme esa tarde con sesenta pesos. Es verdad que esto fue con "su pedazo de diligencia" y algo de buena regla que se asentó.

Inmediatamente me fui al Parián y compré dos camisas de coco, un frac muy razonable y todo lo necesario para el adorno de mi persona, sin olvidarme el reloj, la varita, el tocador, los peines, la pomada, el anteojo y los guantes, pues todo esto hace gran falta a los caballeros de mi clase. Le di una galita a un corredor para que me los llevara a casa, y en la tarde me vestí, peiné y perfumé como debía, y con quince pesos que me sobraron salí para la calle. Entré a tomar café y el primero a quien encontré fue a Simplicio, que admirado de mi repentina decencia, no solamente no me reconvino sobre lo pasado, sino que con mucho agrado me preguntó cuál había sido el origen de mi felicidad.

—Se ha ganado el pleito de mi hermana —le contesté bastante serio.

—¿De tu hermana?

—Sí señor, de mi hermana, de aquella mujer infeliz que tuvo la desgracia de haberte amado...

—Pero si Sagaz...

—Sí, Sagaz es un gran pícaro; se vio despreciado de ella y se vengó llenando tu cabeza de chismes... No hablemos más de esto, que me electrizo.

Entonces Simplicio me dio mil satisfacciones, me preguntó dónde vivía, y yo le dije que en su hacienda mientras se disponían sus bodas.

—¿Cómo sus bodas? —preguntó Simplicio muy espantado; y yo le seguí engañando muy bien hasta que lo creyó redondamente.

—Maldito sea Sagaz —decía lleno de rabia—: él me ha robado mi felicidad para siempre.

Por poco suelto la carcajada al ver la facilidad con que me había burlado de aquel simple, a quien obsequié con café; y al pagar hice cuanto ruido pude con mis quince pesos. Finalmente nos despedimos; él se fue al Coliseo y yo al juego.

Algunos días la pasé bien a favor de Birján y de sus libros, pues como me veían decente, pensaban que tenía mucho que perder, y por esta honestísima razón me daban el mejor lugar en cualquier mesa; pero yo no pasaba de lo que llaman amanezquero. Apenas afianzaba dos o tres pesos los rehundía, sacaba mi puro y me lo iba a chupar a la calle.

Ya se sabe que la fortuna se cansa de sernos favorable largo tiempo, y así a nadie le hará fuerza saber que a los quince días se me arrancó y volvieron mis trabajos con más fuerza.

Como ya me conocían que era un pobre, disminuyeron los tahures sus aprecios. La miseria me obligó a hacer algunas drogas, y en algunos lances de éstos tuve que sufrir y dar algunos golpes por sostener el honor de mi palabra; y así anduve de malas algún tiempo hasta que, para coronar la obra, me sorprendió la justicia una noche y tuve el honor de ir a la cárcel por primera vez.

Como no tenía dinero para pagar la multa fue preciso tolerar la prisión, en la que por comer me quedé casi desnudo y no muy sano de salud.

Salí por fin y tuve la dicha de encontrar un amigo a quien había yo servido en sus amores, y, al verme en tal estado, se compadeció de mí y me proporcionó que fuera yo su gurupié, ganando dos pesos diarios.

El cielo vi abierto, pues bien sabía cuán excelentes conveniencias son éstas; y yo la hubiera servido no digo por dos pesos sino por dos reales, pues en no siendo tonto el gurupié gana lo que quiere, como yo lo ganaba. Un día con otro no me bajaba mi sueldo de diez pesos; porque con la mayor gracia del mundo hacía que me componía la mascada, que me sonaba, que sacaba el reloj, y en cada diligencia de éstas me rehundía un peso o dos. Ello es que yo me planté como un marqués; me daba un trato de un príncipe, y no había letrado, oficinista ni militar que no envidiase mi destino. Si en los días que me duró esta bonanza no hubiera yo jugado, otro gallo me cantara a la hora de ésta; pero la mitad del dinero utilicé y la otra mitad perdí.

Sin embargo, aun durara mi dicha si un pícaro barbero de mi patrón no hubiera advertido mi habilidad y, envidioso sin duda, se lo avisó. Al principio, según me dijo, no lo quería creer; mas instándole el maldito hablador fue al juego y, sin que yo lo viera, observó bien mis gracias. Se acabó el monte y me llevó a su casa; se encerró conmigo, me hizo desnudar, cayeron de entre la ropa veinte pesos, porque esa noche me tentó el diablo y me propasé; no pude negar mi diligencia. Me quebró un bastón en las costillas y me echó a la calle en paños menores, pues hasta la ropa me quitó el muy mezquino. Como no era caballero, no sabía respetar a los que lo son desde su cuna, y me trató como a un villano y como si yo hubiera cometido algún delito en hacer mi necesaria diligencia.

En fin, yo salí en cueros y con las costillas bien molidas. Ya en la esquina de la calle encontré una ronda; me cercaron y, al verme en aquellas trazas, me juzgaron ladrón y ya querían amarrarme; pero como el hombre de talento sabe valerse de él en cualquier caso, especialmente en los adversos, no me acobardé; antes me aproveché de la ronda, pues con aquella serenidad que inspira la inocencia, le dije al alcalde:

—Sólo esto me falta para que me lleve el diablo de una vez. ¿Conque a un caballero como yo se juzga por ladrón porque se ve desnudo, sin advertir que esta camisa es de estopilla y los calzoncillos de bretaña superfina, géneros de que no se visten los ladrones, a lo menos los rateros? Mejor fuera que usted y su ronda me acompañaran a mi casa, donde deseo llegar para curarme de los palos que me han dado los verdaderos ladrones que me acaban de dejar en el triste estado en que usted me ve.

El alcalde y todos sus compañeros se compadecieron de mí; uno de ellos me prestó una capa y todos me condujeron a mi casa.

Cuando la casera abrió, di las gracias a la ronda, se despidieron, y me subí a acostar y a curarme con aguardiente.

Al día siguiente no pude levantarme; pero la pobre vieja casera me llevó una bebida y no sé qué menjurjes, con cuyos auxilios me fui aliviando hasta que pude ponerme en pie y salir a la calle; aunque ya no quería ir al juego, temeroso de que nadie ignoraba el lance, y si como fueron palos hubieran sido estocadas, no hubiera dejado de ver a mis amigos; porque las estocadas no afrentan a los caballeros, pero los palos sí.

En fin, restablecido de los golpes y disminuida la vergüenza con el tiempo, sólo sentía que me había vuelto a quedar con un solo vestido, aunque no malo, pues para curarme, comer y pagar el cuarto, fue preciso vender unas cosas, empeñar otras y perderlas todas; pero ya no había de qué echar mano y comer era indispensable. Y así volví a recurrir a mis antiguos asilos, esto es, a los cafés, vinaterías, garitos y billares, en pos de mis amigos y parientes, los que no dejaban de socorrerme algunos días.

En uno de éstos tuve un encuentro con un maldito viejo, y por poco me pierdo, como verá el que leyere lo que sigue.

CAPITULO VIII

Para excusar introitos: un día estaba yo en un café esperando algún caritativo conocido que me convidara a almorzar, y cierto que tenía bastantes ganas porque no me había desayunado, ni cenado la noche anterior; pero por mi mala estrella no se le antojó a ninguno de mis amigos ir allá.

Estaba por salirme, cuando entró un clérigo con un viejo como de sesenta años. Se sentaron en la mesa donde yo estaba; me saludaron con atención y yo les correspondí con la misma; hicieron llevar almuerzo, me brindaron, admití, y almorzamos alegres.

Por postre platicaron acerca de la corrupción de las costumbres del siglo.

—He oído —dijo el eclesiástico— que estos catrines tienen mucha parte en el abandono que vemos.

—Los catrines —respondí yo—, no puede ser, padre mío; porque los catrines son hombres de bien, hombres decentes y, sobre todo, nobles y caballeros. Ellos honran las sociedades con su presencia, alegran las mesas con sus dichos, divierten las tertulias con sus gracias, edifican a las niñas con su doctrina, enseñan a los idiotas con su erudición, hacen circular el dinero de los avaros con su viveza, aumentan la población en cuanto pueden, sostienen el lustre de sus ascendientes con su conducta y, por último, donde ellos están no hay tristeza, superstición ni fanatismo, porque son marciales, corrientes y despreocupados.

"Delante de un catrín verdadero nada es criminal, nada escandaloso, nada culpable; y en realidad, padre mío, ya ve usted el provecho que debe inducir en cualquier concurrencia un joven de éstos (y más si tiene buena figura) bien presentado, alegre, sabio y nada escrupuloso. El no se admira de la trampa que hizo Pedro, de lo usurero que es Juan, de lo embustero que es Antonio, ni de ninguna cosa de esta vida.

"Lleno siempre el legítimo catrín de amor hacia sus semejantes, a todos los disculpa y aun condesciende con su modo de pensar. Al que roba, lo defiende con su necesidad; a la coquetilla, con la miseria humana; al que desacredita a todo el mundo, con que es su genio; al ebrio, con que es alegría; al provocativo, con que es valor, y aun al hereje lo sostiene, alegando la diferencia de opiniones que cada día se aplauden y desprecian. De manera, que el catrín verdadero, el que depende de esta noble raza, ni es tan interesable que se dé mala vida por el cielo, ni tan cobarde que se prive de darse buena vida por temor de un infierno que no ha visto; y así sigue las máximas de sus compañeros, y satisface sus pasiones según y como le parece o como puede, sin espantarse con los sermones de los frailes, que tiene buen cuidado de no oír nunca, ni con los librajos tristes que no lee.

"Así es que el catrín se hace un hombre amable dondequiera. Las muchachas le aprecian, los jóvenes le estiman, los viejos le temen y los hipócritas le huyen. Vea usted, padre mío, cuán útiles son los señores catrines, de quienes tan mal concepto tiene el señor."

Acabé mi arenga, que a mí me pareció divina y su argumento incontrastable. El clérigo movió la cabeza como quien dice que no; me echó una mirada de furioso, tomó su sombrero y ya iba a levantarse, cuando el perro viejo le tomó de un brazo, le hizo sentar, y dijo:

—Compadre, días ha que deseaba yo una ocasión como ésta para sacar a usted de la equivocación en que está de creer que todo joven alegre, que todo el que viste al uso del día es catrín. No, señor; ni son todos los que están, ni están todos los que son. El hábito no hace al monje. Ya usted sabe que yo soy viejo; pero no viejo ridículo. Cada cual puede vestirse según su gusto y proporciones, sin merecer por su traje el título de honrado ni de pícaro.

"Mozos hay currísimos o pegadísimos a la moda del día, y no por eso son catrines; y otros hay que llama el vulgo rotos o modistas pobretes y sin blanca, que son legítimos catrines. Aprenda usted a distinguirlos, y no hará favor ni agravio a quien no lo merezca.

"Las costumbres, compadre, la conducta es la única regla por donde debemos conocer y calificar a los hombres. Yo soy capaz de apostar una botella de vino a que el señor es catrín legítimo y que tiene vanidad en serlo."

—Es verdad —dije— y no me arrepentiré de haber descendido de tan noble linaje.

—Amiguito —contestó el viejo— la nobleza verdadera consiste en la virtud y la aparente en el dinero. ¿Cuántos miles tiene usted?

—Yo, ningunos.

—¡Oh! pues ríase usted de su nobleza. Ni tiene virtud con que acreditarla, ni pesos con que fingirla; pero vamos al caso.

"Compadre, ya conoció usted a un catrín verdadero;

ya oyó su erudición, se edificó con el régimen de su conducta, y conocerá que erraba cuando creía que todo el que vestía de moda era catrín. Pero no, amigo mío, no se equivoque usted; oiga lo que son los catrines; mas primero su régimen de vida, poco más o menos.

"El catrín se levanta de ocho a nueve; de esta hora hasta las doce va a los cafés a ver si topa otro compañero que le costée el desayuno, almuerzo o comida. De doce a tres de la tarde se va a los juegos a ingeniar del modo que puede, siquiera consiguiendo una peseta. Si la consigue, se da de santos, y a las oraciones vuelve a los cafés. De aquí, con la barriga llena o vacía, se va al juego a la misma diligencia. Si alguna peseta dada "trepa", bueno; y si no, se atiene a su honestísimo trabajo para pasar el día siguiente.

"Como estos arbitrios no alcanzan sino cuando más para pasar el día, y el todo de los catrines consiste en estar algo decentes, en bailar un valse, en ser aduladores, facetos y necios, aprovechan estas habilidades para estafar a éste, engañar al otro y pegársela al que pueden. Y así el santo Parián los habilita de cáscara con qué alucinar a los tontos, o de trapos con qué persuadir a los que creen que el que viste con alguna decencia es hombre de bien. Pero, después de todo, el catrín es una paradoja indefinible, porque es caballero sin honor, rico sin renta, pobre sin hambre, enamorado sin dama, valiente sin enemigo, sabio sin libros, cristiano sin religión y tuno a toda prueba."

No pudiendo yo sufrir una definición tan injuriosa a nuestra clase, le disparé al insolente viejo una porción de desvergüenzas. El me correspondió con otras tantas. Quise deshacerle una silla en la cabeza; metióse de por medio el clérigo (como si yo fuera de estos alucinados que temen a los clérigos y frailes). Yo, enojado, le tiré un silletazo al viejo y le dí al padre; éste se enojó, halló un garrote a mano y me rompió la cabeza. Me volví una furia al ver mi noble sangre derramada por unas manos muertas; salté y arrebaté un sable de uno que estaba cerca de nosotros; pero entonces todos se conjuraron contra mí, apellidándome atrevido y sacrílego, y amenazando mi existencia si no me contenía. Yo, al verme rodeado de tanto idiota, cedí, callé y me senté donde estaba, con lo que se dio fin a la pendencia.

Algunos me aconsejaban que le pidiera perdón al padre, pues lo había injuriado en público y sin razón; pero yo me desentendí, bien satisfecho de que un caballero catrín no debe prostituirse a pedir perdón a nadie.

Así que todos se fueron, hice yo lo mismo, y continué algún tiempo pasando unas crujías intolerables, y envidiando a otros compañeros y parientes que la pasaban mejor que yo.

Algunas noches al acostarme sentía no sé qué ruido en mi corazón, que me asustaba. Parecióme en una de ellas que veía junto a mi mugrienta cama al venerable cura de Jalatlaco, mi amado tío y predicador eterno, y que mirándome ya con ojos compasivos, ya con una vista amenazadora, me decía:

—Desventurado joven ¿cuándo despertarás de tu letargo criminal? No hay nobleza donde falta la virtud, ni estimación donde no hay buena conducta.

"Veinte y ocho años tienes de edad, todos mal empleados en la carrera de los vicios. Inútil a ti mismo y perjudicial con tu mal ejemplo y pésimas costumbres a la sociedad en que vives, has aspirado siempre a subsistir con lujo y con regalo sin trabajar en nada, ni ser de modo alguno provechoso. ¡Infeliz! ¿no sabes que por castigo del pecado nace el hombre sujeto a vivir del sudor de su rostro? ¿Ignoras que así como al buey que ara no se debe atar la boca, en frase del Espíritu de la verdad, así San Pablo escribe que el que no trabaje que no coma?

"Es cierto que tú y muchos holgazanes y viciosos como tú, logran sin trabajar comer a expensas ajenas; pero ¿a qué no se exponen? ¿qué no sufren? Y por último ¿en qué paran? Ya has experimentado en ti mismo hambres, desnudeces, desprecios, golpes, cárcel y enfermedades. ¡Triste de ti, si no te enmiendas! Aún te falta mucho que sufrir, y tu castigo no se limitará a la época presente, pues siendo tu vida desastrada, no puede ser tu muerte de otro modo. Teme esto sólo, y si no crees estos avisos, estos gritos de tu conciencia, prepárate a recibir en los infiernos el premio de tu escandaloso proceder."

Asustado con semejante visión, fui al día siguiente a consultar mi cuidado con un amigo de muchísimo talento y de una conducta arreglada, según y como la mía. Este, luego que me oyó, se tendió de barriga para reírse y me consoló con los saludables consejos que leeréis en el capítulo que sigue.

CAPITULO IX

ESCUCHA Y ADMITE UNOS MALDITOS CONSEJOS DE UN
AMIGO; SE HACE MÁS LIBERTINO Y LO ECHAN CON AGUA
CALIENTE DE LA CASA DEL CONDE DE TEBAS

—Se echa de ver, Catrín, que eres un necio —me decía mi buen amigo— sí, eres un alucinado, un novicio en
nuestra orden, y un recluta bisoño en nuestras respetables
compañías. ¡Vaya, ni digas que eres de la ilustre raza de
los catrines, ni que has corrido el mundo en parte alguna!
Yo sí, yo sí tengo razón de espantarme al ver tan asustado
a un joven que ha sido colegial, militar, jugador y tunante,
sólo por una aprensión que debe despreciarse por cualquier
espíritu fuerte e ilustrado como el nuestro.

"El viejo rancio de tu tío te acosó a sermones, y por
eso aún crees que te los echa después de muerto. Tú eres
un tontonazo y te espantas como los niños con el coco;
pero anímate, amigo, ensánchate; desprecia esas ilusiones
del miedo; sábete que los muertos no hablan, y que en tu
triste fantasía, agitada por tu miseria, se forman esos
espectros de papel.

"Mira, Catrín: nuestra vida no es más que un juego;
nuestra existencia corta y sujeta a las molestias, sin que
haya reposo ni felicidad más allá de su término; ningún
muerto ha vuelto a la tierra a traernos pruebas de la inmortalidad. Nosotros hemos salido de la nada y volveremos a la nada; nuestro cuerpo se convertirá en ceniza y

nuestro espíritu se perderá en los aires; nuestra vida pasará como una nube y desaparecerá como el vapor, disuelto por los rayos del sol. Nuestro nombre se borrará de la memoria de los hombres y ninguno se acordará de nuestras obras. Gocemos de todos los placeres que están en nuestro poder; sírvanos de bebida el vino más delicado, respiremos el olor de los perfumes, coronémonos de rosas antes que se marchiten, no haya objeto agradable libre de nuestra lujuria y dejemos por todas partes las señales de nuestra alegría; oprimamos al pobre, despojemos a la viuda, no respetemos las canas de los viejos, sea nuestra fuerza la regla de nuestra justicia, no guardemos los días de fiesta consagrados al Señor, exterminemos en especial al hombre justo, cuyo aspecto nos es insoportable.[1]

—Esas son palabras mayores —le dije—. ¿No ves que siguiendo esas máximas nos haremos aborrecibles a todo el mundo?

—¡Qué tonto eres, Catrín, qué bárbaro! —me respondió—. Es verdad que nos destestarán ¿pero quiénes? Cuatro hipócritas alucinados de estos que se dicen timoratos; mas en cambio nos amarán todos nuestros compañeros y compañeras las catrinas, gente moza, útil, alegre y liberal.

"Ya se ve, tú eres un pobre aprendiz de la verdadera catrinería, y por eso te escandalizas de cualquier cosa. ¿Qué más dijeras si supieras de memoria y practicaras los famosos mandamientos de Maquiavelo? Entonces o te tapabas las orejas, o te decidías a ser un político consumado. Yo, desde que los observo, me paso buena vida, tengo muchos

---

[1] Tal es el idioma de los impíos descrito en las sagradas letras (Sab. II y Salmos LXXII): pero "los que pensaron de esta manera erraron. Su malicia los cegó".

amigos y me hacen aprecio en cualquier parte. Ya me parece que estás rabiando por saberlos: escúchalos para tu felicidad y aprovechamiento:

DECALOGO DE MAQUIAVELO

1. En lo exterior trata a todos con agrado, aunque no ames a ninguno.

2. Sé muy liberal en dar honores y títulos a todos, y alaba a cualquiera.

3. Si lograres un buen empleo, sirve en él sólo a los poderosos.

4. Aúlla con los lobos. (Esto es, acomódate a seguir el carácter del que te convenga, aunque sea en lo más criminal.)

5. Si oyeres que alguno miente en favor tuyo, confirma su mentira con la cabeza.

6. Si has hecho algo que no te importe decir, niégalo.

7. Escribe las injurias que te hagan en pedernal y los beneficios en polvo.

8. A quien trates de engañar, engáñale hasta el fin, pues para nada necesitas su amistad.

9. Promete mucho y cumple poco.

10. Sé siempre tu prójimo tú mismo y no tengas cuidado de los demás.

"¿Qué te parece? ¿Te han escandalizado estos preceptos?"

---

² Nicolás Maquiavelo, astuto escribano de Florencia, y después un falso político de Francia, escribió a sus sectarios este malditodecálogo, que trae Alberto Magno en el prefario de su obra titulada: *Bonus politicus*, etc.

—No mucho —contesté— porque aunque dichos sorprenden, practicados se disfrazan: yo los más los observo con cuidado, y tengo advertido que casi todos nuestros compañeros los guardan al pie de la letra. Mas ahora traigo a la memoria que siendo colegial entré una noche al aposento de mi catedrático, y mientras que salía de su recámara leí en latín ese mismo decálogo en un libro en cuarto que tenía abierto sobre su mesa, y al fin decía no sé qué santo Padre: *Si vis ad infernum ingredi, serva haec mandata:* Si quieres irte a los infiernos, guarda estos mandamientos. He aquí lo que no me gusta mucho.

—Siempre insistes en tu fanatismo —me contestó—. Tontonote ¿dónde has visto el infierno ni los diablos, para que lo creas tan a puño cerrado? Cumple estos preceptos, sigue mis máximas y verás cómo varía tu suerte. Supón, sí, te doy de barato que haya tal eternidad, tal infierno ¿qué se puede perder con que al fin te lleve el diablo? ¿Será el primero que se condena? Pues en tal caso, ya que nos hemos de condenar, que sea a gusto; y si nos lleva el diablo, que sea, como dicen por ahí, en buen caballo, esto es, divirtiéndonos, holgándonos y pasándonos una videta alegre. ¿Habrá mayor satisfacción que entrar al infierno lucios, frescos, ricos, cantando, bailando, y rodeados de diez o doce muchachas? Conque anda, Catrín, sigue mis consejos, y ríete de todo como yo.

¿Quién no había de sucumbir a tan solidísimas razones? Desde luego le di muchas gracias a mi sabio amigo y propuse conformarme con sus saludables consejos; y según mi propósito, desde aquel día comencé a observar exactamente el decálogo, especialmente el cuarto precepto, haciéndome al genio de todos cuantos podían serme útiles; de manera que dentro de pocos días era yo cristiano con los cristianos, calvinista, luterano, arriano, etc., con los de aquellas sectas; ladrón con el ladrón, ebrio con el borracho, jugador con el tahur, mentiroso con el embustero, impío con el inmoral, y mono con todos.

Ya supondréis, amados catrines y compañeros míos, que con semejante conducta me granjeé muchos amigos, a cuya costa pasé muy buenos ratos, como también unas pesadumbres endiabladas; porque así como bebía y comía, y paseaba de balde algunas veces; otras me veía aporreado, encarcelado o fugitivo, sin haber yo tenido la culpa de las riñas ni prisiones directamente, sino mis amigos. Ya se ve, yo sostenía todos sus caprichos, fueran justos o injustos, y con esto sus enemigos me aporreaban como a su compañero, y los jueces me castigaban como a cómplice.

Si hubiera de referiros por menor todas las aventuras de mi vida, sin duda que se entretendría vuestra atención; pero he ofrecido limitarme a un solo tomo, y así es preciso abreviar y contraerme a las épocas más memorables. Continuemos.

Como con las lecciones de mi amigo y mentor me ilustré tanto, y me animé a tratar de cualquier materia por encrespada que fuera, una noche fui con un amigo a casa del conde de Tebas (porque los catrines son tan nobles que en todas las casas caben) y allí, después de la tertulia se pusieron a merendar; y habiendo conversado de diferentes asuntos vino a caer la conversación sobre la verdad de la religión católica.

Todos los concurrentes eran fanáticos; no había *espíritu* más *fuerte* que el mío. Hablaron con mucho respeto del dogma, de la revelación y tradición, y al fin de todo remataron diciendo que la ilustración de este siglo consiste en el libertinaje, cuyas consecuencias son la corrupción de las costumbres y el error en las verdades más inconcusas.

—Hablando de esto —dijo el capellán— hay una clase de catrines, quiero decir, jóvenes, tal vez bien nacidos y decentes en ropa; pero ociosos, ignorantes, inmorales y *fachendas,* llenos de vicios, que no contentos con ser pícaros quisieran que todos fueran como ellos. Estos bribones inducen con sus indignas conversaciones a la gente sencilla e incauta y la disponen a ser tan malos como ellos.

Apenas oí yo citar a los Catrines de Fachendas, cuyo apellido he tenido la dicha de heredar, cuando volví por su honor y dije:

—Padrecito, modérese usted: los catrines son nobles, cristianos, caballeros y doctos; saben muy bien lo que hablan; muchos fanáticos los culpan sin motivo. ¿Qué mal hace un catrín en vestir con decencia, sea como fuere, en no trabajar como los plebeyos, en jugar lo suyo o lo ajeno, en enamorar a cuantas puede, en subsistir de cuenta de otros, en holgarse, divertirse y vivir en los cafés, tertulias y billares? ¿Acaso esto o mucho de esto no lo hacen otros mil, aunque no tengan el honor de ser catrines?

"Ahora ¿por qué se han de calificar de impíos e irreligiosos sólo porque jamás se confiesan, porque no respetan a los sacerdotes ni los templos, porque no se arrodillan al Viático ni en el tiempo de la misa, porque no se tocan el sombrero al toque del Ave María, ni por otras frioleras semejantes?

"Si se murmura de su poca instrucción, es una maledicencia o declarada envidia. ¿Qué más puede saber un caballero catrín que servir a una señorita el cubierto, bailar unas boleras o un valse, barajar un albur, jugar un tresillo, peinarse y componerse, hablar con denuedo y arrogancia sobre cuanto se ofrezca, y hacer otras cosas que no digo porque ustedes no crean que los pondero? Su utilidad es demasiado conocida en los estrados, en los cafés, fondas, billares, portales y paseos. Conque no hay que hablar tan mal de los catrines, cuando son más ilustrados y provechosos que otros muchos."

—Ni qué responder me ha dejado usted amiguito —dijo el capellán—. Usted sólo y sin tormento ha confesado quiénes son los catrines, cuáles sus ocupaciones, cuán admirable es su instrucción y qué digno del aprecio público el fruto de sus tareas.

—Por lo que hace a mí —añadió el conde— yo le estimaré que no vuelva usted a poner un pie en mi casa. Mucho siento que me haya hecho esta única visita y que nos haya dicho quién es tan sin rebozo. No, no quiero que honren mi mesa semejantes caballeros, que me instruyan tales maestros, ni que me edifiquen tan calificados católicos; y así, pues, se ha concluido la merienda, tome usted su sombrero y déjenos en paz.

Todos los concurrentes, luego que oyeron producirse al conde de este modo, fuérase por adularle o por lo que ustedes quieran, comenzaron a maltratarme hasta los criados; casi a empellones me echaron de la sala, y un lacayo maldito por poco me hace rodar las escaleras. Y no contentos con hacerme sufrir tales baldones, sin acordarse de la nobleza de mi casa, ya al salir a la calle me echaron una olla de agua hirviendo, con lo que me pusieron cual se deja entender.

Quise subir a que me dieran justa satisfacción de tal agravio; pero me contuvo el verme solo (porque el amigo mío me desamparó y se puso de parte del conde) y advertí que todos estaban irritados. Pensé con prudencia y me retiré mal bañado, y jurando a fe de caballero vengarme en cuanto tuviera proporción.

Llegué a mi cuarto, dormí como siempre, saqué mi ropa al día siguiente y me levanté adivinando en dónde y cómo lo pasaría. Era ese día, por cierto, 25 de julio.

Encontré a un amigo, quien me llevó a la fiesta de Santiago acompañado de una señorita de no malos bigotes, y estando almorzando sucedió lo que vais a saber en el capítulo siguiente.

CAPITULO X

EL QUE ESTÁ LLENO DE AVENTURAS

Dios nos libre de una mala hora, como dicen las viejas. Estábamos almorzando con la bonita muchacha cuando se nos presentó un hombre con el sable desnudo, hecho una furia, quien con una voz tan terrible como el trueno del rayo, dijo:

—Esto quería yo ver, tal —y diciendo y haciendo comenzó a tirarnos a los tres tantos cintarazos y cuchilladas que no nos la podríamos acabar. La mujer cayó en el suelo al primer golpe, mi compañero acudió a defenderse con un puñal; yo, sin armas, agarré un plato de mole y lo derramé en la cabeza del valiente; éste se enfureció más de lo que estaba y me tiró un tajo con tanto acierto y ganas, que por poco no me deja en el puesto, esto es, difunto; pero me dejó privado y con la cabeza como una granada.

Yo desperté en el hospital, y supe que quien me había hecho tan buena obra era no menos que marido de la cuzca que llevó mi amigo; que éste fue a la cárcel, ella a un depósito, el marido a pasearse y yo al hospital en calidad de preso.

Allí pasé lo que sólo Dios sabe con los cirujanos, practicantes y enfermeros; puedo jurar que me maltrataron más con la curación que el celoso con las heridas que me hizo. Ya se ve que lo hacían por caridad.[1]

---

[1] Aquí venía muy bien el cuento del barbero y el loco.

Por fin me dieron por sano, aunque yo no lo aseguraba, según me sentía; pero quise que no fue preciso salir del hospital para ir a la cárcel, donde me levantaron mil testimonios, pues lo menos que decía el marido era que yo sería el al... calde o qué sé yo qué cosa de su mujer.

El escribano quería dinero para defenderme, yo no tenía un real, ni mi amigo tampoco, por lo que se dilató la causa como un mes; pero como es verdad que al salvo Dios lo salva, a instancias del marido se continuó el proceso y resultó en sentencia definitiva que la mujer fuera al convento de San Lucas por cuatro años, a pedimento de parte; el amigo mío y de ella a un presidio, y yo a la calle, amonestado de no volverme a meter en pendencias que nada me interesaban.

Salí por fortuna del mesón de la pita; fui a mi casa o pedazo de casa que tenía, y me hallé más pobre, y tanto que no tenía ni para sostener la cascarita o decencia aparente de un catrín.

Antes de esto era infeliz, no lo puedo negar; todos los días tenía que untar mis botas con tinta de zapatero y darles bola con clara de huevo, limón o cebolla; tenía mi fraquecito viejo a quien hacer mil caricias con el cepillo; tenía mi camisa de lavar, tender y planchar con un hueso de mamey; tenía un pantaloncillo de punto, o de puntos, que zurcía con curiosidad con una aguja; tenía una cadena pendiente de un eslabón, que me acreditaba de sujeto de reloj; tenía una tira de muselina, que bien lavada pasaba por un fino pañuelo; tenía un chaleco verdaderamente acolchado de remiendos tan bien pegados que hacían una labor graciosa y exquisita; tenía una cañita ordinaria, pero tan bien manejada por mí, que parecía un fino bejuco de la China; tenía un sombrero muy atento por su naturaleza, pues hacía cortesías a todo el mundo, pero con aguacola le daba yo tal altivez, que no se doblaría al monarca mayor del mundo todo, pues estaba más tieso que pobre recién enriquecido; tenía, en fin, mis guantes, viejos es verdad, pero me cubrían las manos; mi anteojo, mis peines, escobetas, pomadas, espejo, tocador, limpiadientes y otras semejantes chucherías, y cuando salí de la cárcel, como lo más vendí para comer, no tenía nada.

Ya, amigos catrines, me tenéis reducido a la última miseria. No conocí camisa ni cosas superfluas, y era preciso andar decente para comer de balde. ¿Cómo sería esto? Un frac y un pantalón quedó en mi baúl de tanto lujo, que no se pudo ni empeñar ni vender. A esto poco... ¡lo que es la industria de un sabio! le dí tantos millares de puntadas, tantas teñidas y limpiadas, que el baratillero más diestro lo hubiera calificado por nuevo. Mis botas viejas quedaron, merced al fierro y clara de huevo, tan lustrosas *sicut erant in principio;* el sombrero y chaleco lo mismo; pero para suplir la camisa no había cosa què lo valiera.

Yo debía comer al otro día, y para comer era menester salir a la calle a buscar a los amigos; de todo estaba prevenido, pero la falta de camisa me consternaba.

En medio de esta aflicción me acordé de que en otro tiempo tuve una camisa sola, y la apellidé camisola. Estaba tan perdida que no tenía sino el cuello y los vuelos u olanes pegados a un pedazo de trapo; mas como era preciso hacer de la necesidad virtud, los corté y compuse según pude. En esto y lo demás se pasó toda la noche.

Al día siguiente ya estaba yo en pelota planchando mis vuelos, cuando se le antojó entrar al casero, y entró porque se le antojó, porque yo había vendido la llave de la puerta y no tenía con qué cerrarla sino con mi varita, que como era muy débil no pudo resistir el primer empujón del excomulgado casero. Entró este maldito, me halló medio desnudo y planchando mi trapillo en un petate; me cobró con imperio de casero, a quien debía cinco pesos dos reales de alquileres; con una mirada hizo balance de mis muebles, me cobró con resolución, yo saqué mis ejecutorias del baúl y le dije que a los caballeros de mi clase no se les cobraba de ese modo; que era un pícaro, malcriado e insolente. El se irritó con esto, y me dijo que me sonara en mis papeles si no tenía dinero, que el pagar era justo y que él no entendía de grajas. Y así o le daba su dinero o me mudara en el instante, pues cuando más me dejaría vestir, pero no sacar ni una hilacha, respecto a que con todo lo que veía no se cubría mi deuda.

—Es usted un plebeyo —le dije— un villano, un ruin, un ordinario; mis árboles genealógicos, los escudos de mi casa, mis ejecutorias y los méritos de mis mayores, que usted ve en estos papeles valen más que usted y todas las casas de las monjas.

—Todo está muy bueno —respondía el casero—. Usted será muy caballero y muy noble, y tendrá infinitas pruebas de su lustre, pero las monjas no comen ejecutorias ni noblezas; ha de cubrir la renta o se muda.

En éstas y las otras nos hicimos de razones; quise tomar una silla vieja para acabársela de romper en la cabeza, pero él cogió otra y nos dimos una aporreada de buen tamaño, hasta que entró la casera y nos contuvo; pero al fin el inicuo casero consiguió lo que quiso, que fue lanzarme de la casa, quedándose con mi baúl y mi memela; mas me dejó vestir, que en gentes de su clase fue generosa heroicidad, pues si ha sido de otros, ni aun eso me permiten.

Salíme avergonzado un poquillo; pero muy enojado, triste y con mis papeles debajo del brazo en solicitud de un amigo. Hallé un monigote alquilón que se compadeció de mí y me llevó a su casa.

Allí estuve algunos días. Tenía una hermana bonita; me gustó, la enamoré, condescendió, fuimos amigos; el monigote lo supo, nos espió, nos cogió y me dio tal tarea de trancazos, que volví a visitar el hospital.

Los jueces sentenciaron a su favor ¡desgracia de hombres buenos como yo! y a buen librar salí del hospital desnudo.

No pude parecer entre mis amigos esta vez y solicité el patrocinio de las hembras. Me llevó una buena vieja a su casa; tenía cinco doncellas a su cargo y en su casa, que era una accesoria, en la puerta negociaban su subsistencia. Yo tenía que ver y que callar para comer; pero también tenía que ir a traer pato, aguardiente, café y lo que querían mis señores.

Esta vileza no podía ser grata a un caballero de honor como yo era y así determiné mudar de vida.

Consulté con mi talento y conforme al decálogo que había aprendido, y saqué que debía buscar mi comodidad a costa de todo el mundo.

Según estos principios, la noche que estaban todas más dormidas hice un lío de su ropa y me marché para la calle.

Al día siguiente, antes que las buscaran, vendí todas sus prendas en el Baratillo, me habilité de lo que hacía falta y me retiré a un barrio muy distante del suyo.

Seguí como siempre, y por fortuna en todas partes encontraba catrines. Pasé, tal cual, algunos días; mas al fin se me arrancó y ya no hallaba almena de qué colgarme.

En medio de mi triste situación encontré un buen amigo que me animó, diciéndome que yo era para nada, pues no sabía mantener un cuerpo sólo; pero que me conocía talento muy propio para cómico, que solicitara una plaza de éstas y me acordaría de él.

Como lisonjeó mi vanidad, admití su consejo; fui al Coliseo, pretendí una plaza, me dieron la de *mite* o *metemuertos,* y yo, por ver si era plaza de escala, la recibí con mucho gusto.

En poco tiempo quise a todas las cómicas, y no sólo a ellas sino a cuantas podía; mi habilidad iba tomando crédito, y yo hubiera sido el primer galán si me hubieran permitido las damas; pero me encargué tan de veras a su obsequio que en cinco meses dieron conmigo en el hospital de San Andrés... ¡Válgame Dios! ¡Qué suerte fue la mía, siempre me he visto en cárceles y hospitales!

¿Qué padecería en San Andrés? El que hubiera estado allí que lo diga. Por poco no me reducen al estado de Orígenes. Salí medio hombre por una fortuna singular; pero salí flaco, descolorido y con una frazada en el hombro.

En medio de esta situación, me encontró uno que había sido criado de mi casa. Luego que me vio, me conoció y me dijo:

—¡Válgame Dios, niño, y qué estado tan infeliz es el suyo!

—Acabo de salir del hospital —le contesté— y a gran dicha tengo verme en pie.

—¡Que siento las desgracias de usted! No tendrá usted destino.

—Ya se ve que no lo tengo.

—Si quisiera usted una conveniencia de portero, yo sé

que en casa del conde de Tebas lo solicitan; dan ocho pesos y la comida.

—Pues mas que dieran ochocientos, yo no he nacido para portero, y mucho menos para servir al conde de Tebas, que es mi padrino de brazos y allí me echaron el agua.

—Pues, señor —proseguía el mozo— ¿podía usted acomodarse en el estanco? Ganaría cinco reales diarios.

—Calla bobo ¿un caballero como yo se había de reducir a cigarrero?

—Pues acomódese de escribiente.

—Menos: mi letra es de rico, y estoy hecho a que los licenciados me sirvan de amanuenses.

—Pues en una tienda.

—¿Yo había de tiznarme con el carbón y la manteca?

—Pues...

—Déjate de pueses. ¿Has olvidado que soy el señor don Catrín de la Fachenda, nobilísimo, ilustrísimo y caballerísimo por todos mis cuatro costados? ¿Cómo quieres que un personaje de mis prendas se sujete a servir a nadie en esta vida, si no fuera al rey en persona? Vete, vete y no aumentes mis pesadumbres con tus villanos pensamientos.

El criado se incomodó y me dijo:

—Pues señor don Catrín, quédese usted con su nobleza y caballería, y quédese también con su hambre y su frazada.

Dicho esto se fue y yo seguí andando sin saber a dónde ir.

Eran las tres de la tarde y yo no había probado gota de alimento, ni aun tenía esperanza de probarlo; pero ni sabía en dónde recogerme aquella noche. No me había quedado más que una media camisa, pantalón, botas, sombrero y frazada; todo viejo, sucio y roto; asimismo conservaba mis ejecutorias y papeles de nobleza, que llevé al hospital y cargaba ese día debajo del brazo.

Viéndome muerto de hambre, me resolví a empeñar estas preseas en cualquier cosa, aunque con harto dolor de mi corazón. Entréme en una tienda y le dije al tendero mi atrevido pensamiento. Este veía los papeles y me veía a la cara lleno de admiración, y al cabo de rato, casi con las lágrimas en los ojos, me dijo:

—¿Es posible, Catrín, que tú eres mi ahijado y el hijo tan amado de mi compadre? Vamos, que si yo no lo viera, si no tuviera en mis manos tu fe de bautismo, creería que tratabas de engañarme.

Después de mil preguntas que me hizo y de mil mentiras que le conté acerca del origen de mis desgracias, sacó un vestido de los suyos y veinte pesos que me dio, con lo que me despedí muy contento.

Con este socorro se alivió mi estómago, me habilité de lo que me faltaba, como varita, cadena de reloj y otros muebles tan necesarios como éstos. A la noche me fui a refugiar en casa de la vieja casera, y como aún tenía doce o catorce pesos me hizo un buen hospedaje. Al día siguiente tomé un cuarto, saqué mi colchón y mi baúl, y cátenme otra vez hecho gente y ladeándome en los cafés con mis amigos.

Como ya la fortuna me había golpeado, temí verme otra vez en la última miseria; y así traté de prevenirme contra sus futuros asaltos. Para esto comuniqué mis cuidados con otro amigo que estaba peor que yo; pero tenía talento, valor y disposición para cualquier cosa, y éste me animó a hacer lo que leeréis más adelante.

CAPITULO XI

ADMITE UN MAL CONSEJO Y VA AL MORRO DE LA HABANA

¿Quién será capaz de negar la utilidad que nos proporcionan los amigos con sus saludables consejos? Este amigo, para ahorrar palabras, me persuadió a que le acompañara a robar cinco mil pesos a un viejo comerciante que pensaba que dormía solo.

Yo, bien instruido en el precioso decálogo y sabiendo que la necesidad no está sujeta a las leyes comunes, admití el consejo. Emplazamos día y hora; fuimos a la tienda a las ocho de la noche, entramos para sorprender al dueño y, pensando hacer algo de provecho, cerramos la puerta con llave; pero nos echamos corral nosotros mismos, porque salieron a un grito del viejo cuatro mozos armados, nos pusieron las pistolas en los pechos, nos amarraron y nos llevaron a la cárcel. No pudimos negar las intenciones, y por sólo éstas nos condenaron a dos años de presidio en el Morro de la Habana, y los fuimos a cumplir contra toda nuestra voluntad.

En aquella ciudad fuimos de bastante provecho; porque compusimos los castillos de la Punta y del Príncipe, servimos en los arsenales, cooperamos al mejor orden de la policía en la limpieza e hicimos otras cosas tan útiles como éstas.

Bastantes hambres, desnudeces y fatigas tuvimos que sufrir en este tiempo; pero lo más insoportable era el trato duro, soez y aun cruel que nos daba el cómitre maldito, bajo cuya custodia trabajábamos. Ya se ve, era un mulato ruin y villano, poco acostumbrado a tratar a los caballeros de mi clase; y así, cuando se le antojaba o le parecía que no andábamos ligeros, nos sacudía las costillas con un látigo. Esto me hacía rabiar, y os aseguro que a no haber estado indefenso y atado con una cadena, a modo de diptongo, con mi amadísimo compañero, yo le hubiera hecho ver a aquel infame cómo debía portarse con los caballeros de mi rango.

No obstante, puse al gobernador un escrito quejándome de los malos tratamientos de aquel caribe, alegándole mi notoria nobleza, y presentándole mis ejecutorias y papeles. Pero como la fortuna se complace en abatir a los ilustres y perseguir la inocencia, el señor gobernador no sólo no me hizo justicia sino que me exasperó con el decreto siguiente:

"La nobleza se acredita con buena conducta mejor que con papeles. Sufra esta parte sus trabajos como pueda, pues un ladrón ni es noble, ni merece ser tratado de mejor modo."

¿Que os parece, queridos compañeros? ¿No fue ésta una injusticia declarada del gobernador? Sí, ciertamente; y yo me irrité tanto que maldije a cuantos nobles hay; rompí los papeles, los masqué y los eché al mar hechos menudos pedazos, pues que de nada me servían.

Pasaron por fin los dos años, se me dio mi libertad y me volví a México, mi patria; pero como ya había roto mis ejecutorias y abjurado de toda cosa que oliera a nobleza, me dediqué a divertirme y a buscar la vida sin vergüenza.

Degeneré de la ilustre familia de los catrines y me

agregué a la entreverada de los pillos. Cuando tenía un pedazo de capote o una levita dada, me asociaba con los pillos de este traje, y cuando no, le sabía dar bastante aire a una frazada y acompañarme con los que las usaban, uniformando siempre mis ideas, palabras y acciones con aquellos de quienes dependía.

Entre las ventajas que conseguí en el presidio cuento tres principales, que fueron: perder toda clase de vergüenza, beber mucho y reñir por cualquier cosa. Con esto la fui pasando, así, así. Mis amigos eran todos como yo; mi ropa y alimento, según se proporcionaba; mi casa, donde me cogía la noche; mis tertulias, los cafés, billares, vinaterías, pulquerías y bodegones.

Después de todo, por bien o por mal, yo no me quedaba sin comer, beber y andar las calles, y esto sin trabajar en nada; pues me dejó tan hostigado el trabajo de los dos años de La Habana que juré solemnemente e hice voto de no volver a trabajar en nada en esta vida; juramento que he cumplido con la escrupulosidad propia de una conciencia tan ajustada y timorata como la mía.

En medio de las necesidades que persiguen a todo literato hombre de bien como yo, solía verle la cara alegre a la fortuna algunas veces, y en éstas, si me habilitaba de algún punterillo razonable, me vestía decente y concurría con mis primeros amigos, pues así como la cabra se inclina al monte, así yo, quién sabe por qué causa,[1] me inclinaba

---

[1] El joven bien nacido, aunque no haya logrado una exacta educación o la haya desaprovechado, y aunque por desgracia se haya prostituido como nuestro héroe, se acuerda de cuando en cuando de su cuna, se avergüenza en su interior de su proceder, y quisiera entonces volverse a ver en el paralelo de que se ha desviado.

a la catrinería, aunque después de haber olvidado mi nobleza.

Mas no penséis que la fortuna se me mostraba alegre por sola su bondad o su inconstancia, sino porque yo hacía mis diligencias tan activas y honestas como la que os voy a referir.

Una vez andaba vestido de catrín y sin medio real, encontré a una mujer que vendía un hilo de perlas en el Parián y pedía por él ochenta pesos. Ajusté el dicho hilo en sesenta y ocho; la mujer convino en el ajuste; la llevé a un convento diciéndole que lo vería mi tío el provincial, que era quien me lo había encargado para mi hermana, su sobrina. La buena mujer me creyó sobre mi frac y mi varita; me dio el hilo, se fue conmigo al convento, la dejé esperando en la portería su dinero, y yo, como los cuentos, entré por un callejoncito y salí por otro; esto es, entré por la portería y salí por la puerta falsa. La zonza aún me estará aguardando. Yo en la tarde vendí el hilo en treinta pesos a un pariente marcial, que al ver la barata lo compró sin pedirme fiador ni mosquearse para nada, después que le advertí que no lo vendiera en México. Tales eran mis ingeniadas. ¿Y esto no prueba un talento desmedido, una conducta arreglada y un mérito sobresaliente? Que respondan los catrines y los pillos.

En una de estas vueltas de mi buena suerte, estando en un café, fue entrando el pobre Taravilla, mi antiguo amigo y compañero de armas y de vivienda, de quien os hablé en el capítulo tercero. Pero ¡cómo entró el infeliz! con un uniforme viejo de teniente retirado y con dos muletas, porque estaba cojo de remate.

—Catrín, amigo —me dijo— ¿aquí estás?

—Sí, viejo, aquí estoy— le respondí—. ¿Qué milagro

que te veo? Mas ¿qué te ha sucedido? ¿Has perdido tus movimientos en algunas campañas? ¡Pobre de ti! así habrá sido. Siéntate y pide lo que quieras.

El pidió lo que más apetecía y me dijo:

—¡Ay hermano! Venus me ha maltratado, que no Marte. Cinco veces ha visitado Mercurio las médulas de mis huesos, haciéndome sufrir dolores inmensos. He jurado no volver a provocar al enemigo; pero apenas le he visto, cuando me he olvidado del juramento; le he acometido y siempre he salido derrotado. En una de estas campañas, como se apoderó de mí, ya débil y mal herido, me redujo a la última miseria; me hizo su prisionero, me obligó a ejercitar el humilde oficio de picador, haciéndome sujetar dos brutos; mi habilidad no pudo domar su brío; ellos pudieron más que yo y en una de las caídas que me dieron quedé tan mal parado como ves.

A seguida nos contó todas sus aventuras, señalando no sólo sus cómplices sino sus nombres, señas, calles y casas donde vivían, con tanta puntualidad y tanta gracia, que todos nos reímos y nos admiramos de su memoria y de su chiste. Yo me burlé de su cojera grandemente.

¿Quién me había de decir que dentro de pocos días me había de ver en peor situación? Así fue, como lo vais a ver en el capítulo que sigue.

CAPÍTULO XII

EN EL QUE DA RAZÓN DEL MOTIVO POR QUÉ PERDIÓ UNA
PIERNA Y CÓMO SE VIO REDUCIDO AL INFELIZ ESTADO
DE MENDIGO

Taravilla comió y bebió esta vez a mis costillas, como
yo comía y bebía siempre a las de otros; al fin era de la
ilustre raza de los catrines.

Despidióse y a poco rato nos fuimos todos a recoger
a nuestras casas o a las ajenas.

Pasé algún tiempo en la alternativa de pillo y de catrín,
y una ocasión, por cierta aventura amorosa que no os
escribo por no ofender vuestros oídos castos, reñí con
el marido de mi dama, y éste tuvo la suerte de darme
tan feroz cuchillada en el muslo izquierdo que casi me lo
dividió.

A mis gritos acudió la gente... ¡Qué gente tan despia-
dada es la de México!... ¿Si será así la de todo el mundo?
Se juntaron muchos a la curiosidad; nos vieron reñir y nadie trató de apaciguarnos; me hirió mi enemigo, arrastró
y maltrató a su mujer, y nadie se lo impidió; se la llevó
donde quiso y ninguno lo siguió; quedé yo desangrándo-
me, todos me veían y decían: "¡Pobrecito!" Pero ni
llevaban el confesor ni el médico, ni había uno siquiera
que me contuviera la sangre.

A fuerza de juntarse muchos bobos insensibles, llegó
un oficial, hombre bueno (que entre muchos malos y

tontos es difícil que no se halle alguno bueno y juicioso) que hizo llamar una patrulla, la que me llevó al juez; éste determinó se me condujese al hospital. Me tomaron declaración, dije lo que se me antojó, y por conclusión de todo salió que me cortaran la pierna, porque se me iba acancerando a gran prisa.

Me la cortaron en efecto, y por poco no me muero en la operación. Algunos días después me echaron a la calle, lo que tuve a gran felicidad, porque temía ir a la cárcel a responder de todo.

Como no podía tenerme en pie como las grullas, fue necesario habilitarme de un par de muletas, lo que no me costó poco trabajo.

Ya con estos muebles, y hechos mis trapos mil pedazos, salí, según he dicho; pero ¿a dónde, y a qué? A las calles de Dios a pedir limosna, pues en un pie ya no estaba en disposición de ingeniarme, ni de andar ligero como cuando tenía cabales los miembros de mi cuerpo.

Aunque había dejado en La Habana toda la vergüenza y nada se me daba del mundo, confieso que se me hizo duro a los principios el ejercicio de mendigo; mas era necesario pedir limosna o morir de hambre.

Los primeros días se me hacía el nuevo oficio muy pesado, porque no tenía estilo para humillarse mucho, para porfiar, ni para recibir un taco con paciencia; pero poco a poco me fui haciendo, y dentro de dos meses ya era yo maestro de pedigüeños y holgazanes.

Luego que tomé el sabor a este destino, y comprendí sus inmensas y jamás bien ponderadas ventajas, lo abracé con todo mi corazón y dije para mi sayo:

—Mendigo he de ser *ex hoc nunc est usque in saeculum.*

Conforme a este propósito me dediqué a aprender relaciones, a conocer las casas y personas piadosas, a saber el santo que era cada día, a modular la voz de modo que causaran compasión mis palabras, y a otras diligencias tan preciosas como éstas, lo que llegué a saber con tanta perfección que me llevaba las atenciones, y cuantos me oían tenían lástima de mí.

—¡Pobrecito cojito —decían algunos— y tan mozo!

No me bajaba el día de diez o doce reales, amén de lo que comía y me sobraba, y esto era tanto que se me hacía cargo de conciencia tirarlo; y así busqué una pobre con quien partir mis felicidades y bonanzas.

En efecto, hallé a una muchacha llamada Marcela, de bastante garbo y atractivo, a la que sostuve pobremente. Ella cuidaba de mí con harto esmero, y tuvo tanta gracia y economía que en cuatro meses se vistió como la mejor y me vistió a mí también; de manera que de noche, después que acababa yo de recoger mi *bendita*, me iba a casa, me ponía de catrín, me acomodaba mi pierna de palo, y me iba a merendar con Marcela, a donde yo sabía que no había quien me conociera.

Yo mismo me admiraba al advertir que lo que no pude hacer de colegial, de soldado, de tahur, de catrín ni de pillo, hice de limosnero; quiero decir, mantuve una buena moza con su criada en una vivienda de tres piezas, muy decente como yo, y esto sin trabajar en nada ni contraer drogas, sino sólo a expensas de la fervorosa piedad de los fieles. ¡Oh santa caridad! ¡Oh limosna bendita! ¡Oh ejercicio ligero y socorrido! ¡Cuántos te siguieran si conocieran tus ventajas! ¡Cuántos abandonaran sus talleres! ¿No se comprometieran en los riesgos y pagaran a peso de oro el que les sacaran los ojos, les cortaran las patas y los llenaran de llagas y de landre para ingerirse en nuestras despilfarradas, pero bien provistas compañías?

Gran vida me pasaba con mi oficio. Os aseguro, amigos, que no envidiaba el mejor destino, pues consideraba que en el más ventajoso se trabaja algo para tener dinero, y en éste se consigue la plata sin trabajar, que fue siempre el fin a que yo aspiré desde muchacho.

Después que experimenté las utilidades de mi empleo, ya no me admiro de que haya tantos hombres y mujeres decentes, tantos sanos y sanas, tantos muchachos y aun muchachas bonitas ejercitándose en la loable persecución de pordioseros.

Menos me admiro de que haya tntos hipócritas declamadores contra ellos. La virtud es siempre perseguida y la felicidad envidiada. Dejaos, crueles y mal intencionados escritores; dejaos de apellidar a los míseros mendigos, sanguijuelas de las sociedades en que se permiten. No os fatiguéis en persuadir que es una piedad mal entendida el dar al que pide por Dios, sea quien fuere, sin examinar si es un vago o un padre legítimamente necesitado. Cesad de endurecer los corazones, asegurando que son más los ociosos que piden para sostener sus vicios, que los inválidos infelices que se acogen a este recurso para mantener su vida.

Ya sabemos que toda vuestra crítica mordaz no se funda sino sobre vuestra malicia y envidia refinada; pero ¡necios! ¿no podéis disfrutar los beneficios que nosotros, al mismo precio y sin malquistarnos con los corazones piadosos? ¿Tanto cuestan dos muletas y un tompeate? ¿Tanta habilidad se necesita para fingirse ciegos, mancos o tullidos? ¿Es tan gran dolor el que se sufre con hacerse cursar algunas universidades para aprender mil relaciones, diez o doce llagas con otros tantos cáusticos? ¿Es menester aunque estén llenas de disparates? Y por último ¿hay algún examen que sufrir, ni algunos veedores que regalar para incorporarse en nuestro sucio, asqueroso y socorrido gremio? ¿Pues qué hacéis, mentecatos? Venid, venid a nuestros brazos; abandonad vuestras plumas, echaos una mordaza, habilitaos de unos pingajos puercos, haced lo que nosotros y disfrutaréis iguales comodidades y ventajas.

Así hablara yo a nuestros enemigos, y si tuviera diez o doce hijos les enseñara este difícil oficio, los repartiera en varias ciudades y les jurara que con tantita economía que tuvieran a los principios, en breve se harían de principal.

Encantado con mi destino, en el que me hallé como dicen, la bolita de oro, vivía muy contento con mi Marcela, que, como estaba sobrada de todo, me quería mucho y nada le advertía que pudiera desagradarme. Todo era para mí abundancia, satisfacción y gusto. Es verdad que de cuando en cuando no faltaban sus incomodidades caseras y callejeras. Aquéllas eran originadas por mis imprudencias cuando se mezclaban con aguardiente; pero Marcela sabía terminarlas con felicidad; me daba un empujón sobre la cama cuando me veía más furioso y me quitaba las muletas, con lo que me quedaba yo hablando como un perico, pero sin poder moverme del colchón ni hacerle daño. Así que se me quitaba la *chispa*,[1] me hacía cuatro cariños y quedábamos tan amigos como siempre.

No eran así las incomodidades callejeras. Estas las

---

[1] "Ponerse la chispa" es una de las muchas frases con que aquí se dice embriagarse, y "quitarse la chispa" es decir que se alivió.

originaba la envidia de mis compañeros, otros pobres tan necesitados como yo, que pensando que les quitaba el pan de la boca, no cesaban de ultrajarme diciendo unos con otros y en mi cara:

—¡Qué cojo maldito tan vagabundo y mañoso! ¿Por qué no se irá al estanco y se acomodará a servir de algo, y no que, estando tan gordo y tan sin lacras, se finge más enfermo que nosotros, y con su maldita labia nos quita el medio de las manos?

Así se explicaban estos pobres; pero yo hacía oídos de mercader y seguía gritando más recio y recogiendo mis migajas; sin embargo, no dejaba de incomodarme por su envidia.

Un año, poco más, disfruté de las dulces satisfacciones que he dicho; pero como todo tiene fin en este mundo, llegó el de mi dicha, según veréis en el capítulo que sigue.

CAPITULO XIII

EN EL QUE CUENTA EL FIN DE SU BONANZA Y EL MOTIVO

¿Quién ha de creer que el regalo y el chiqueo sean muchas veces los asesinos de los hombres? Extraño parece; pero es una verdad constante y muy experimentada, especialmente por los ricos.

El trato que yo me daba, a excepción del traje de día, era como el que se puede dar el más acomodado y regalón. Por lo ordinario me levantaba de la cama entre las nueve y diez de la mañana, y este régimen contribuyó a destruir mi salud. No sabía yo la máxima de la escuela salernitana que dice que siete horas de sueño bastan al joven y al viejo. *Septem horas dormire sat est juvenique senique.*

Ignoraba yo esto, y lo que Salomón dice a los perezosos en sus *Proverbios.*[1]

Por otra parte, mi mesa era abundante para los tres, y muy exquisita para mí; porque Marcela era hija de una que había sido cocinera de un título y de muchos ricos, y había aprendido perfectamente el arte de lisonjear los

---

[1] No ames el sueño, no sea que caigas en la necesidad. Sé vigilante y vivirás en la abundancia. Tú dormirás un poco, dormitarás un rato, cruzarás otro poco las manos para descansar, y la pobreza vendrá sobre ti como hombre armado. *Proverbios* XXIV, 33, 34.

paladares, provocar el apetito y dañar el estómago; con esto, me hacía mil bocaditos diferentes y bien sazonados cada día. También este regalo me fue perjuidicial al fin.

Yo no sabía en aquel tiempo que el gusto del paladar hace más homicidios que la espada, en frase de un escritor francés; [1] que Alejandro, que salió victorioso de mil combates, fue vencido por la gula y los deleites, y murió a los treinta y dos años de edad; que la frugalidad alarga la vida tanto como la acorta la destemplanza; que Galeno, médico antiguo, pero sabio en su tiempo, decía: "Cuando veo una mesa llena de mil manjares delicados, me parece que veo en ella los cólicos, las hidropesías, los tenesmos, insultos, diarreas y todo género de enfermedades." Ignoraba que el sabio dice: "Los excesos de la boca han muerto a muchos; pero el hombre sobrio vivirá más largo tiempo."

El sabio inglés Juan Owen escribió sobre esto un epigrama en latín, que en castellano se tradujo así:

> No muchos médicos
> ni medicina:
> ten pocas penas,
> sobria cocina,
> si largo tiempo
> vivir aspiras.

"La templanza y el trabajo —dice el filósofo de Ginebra (Rousseau)— son los dos verdaderos médicos del hombre: el trabajo excita su apetito y la templanza le impide abusar de él."

Un médico preguntó al Padre Bourdaloue qué régimen

---

[1] Blanchard.

de vida seguía y este sabio respondió que no hacía sino una sola comida al día. "No hagáis —le dijo el médico— no hagáis público vuestro secreto, porque nos quitará usted de oficio, pues no tendremos a quién curar."

San Carlos Borromeo, estando muy enfermo y advirtiendo las contradicciones de los médicos acerca de definir su enfermedad, los despidió; moderó su mesa, se privó del regalo, se sujetó a un régimen simple y uniforme, sanó y se mantuvo con tanto vigor, que soportó los trabajos de su obispado a que se entregó con tanto celo.

El autor del Eclesiástico dice: "Si estás sentado en una gran mesa, no te dejes llevar del apetito de tu boca." "No seas —dice en otra parte— de los últimos a levantarte de la mesa, y bendice al Señor que te ha criado y que te ha colmado de sus bienes."

Estas y otras cosas ignoraba yo, cuya observancia conduce efectivamente a mantener la salud con vigor. El último amigo que tuve, y que pienso fue el único, me instruyó en estas reglas; pero tarde, porque ya estaban mis fuerzas enervadas, gastada mi salud y consumidos mis espíritus.

Entre los matadores que tuve, fue sin duda el mayor el uso excesivo de licores. Yo tenía la precaución de no embriagarme de día para no perder el crédito entre mis piadosos favorecedores; pero de noche me ponía unas *chispas* inaguantables.

Este abuso no sólo perjudicó mi salud sino que me exponía frecuentemente a mil burlas, desaires y pendencias. Yo conocía la causa de mi mal, pero no tenía la fortaleza necesaria para abandonarla.

Una noche (no estaba yo muy perdido) bebía con mis amigos nocturnos en una fonda, y bebía más que todos. A uno de los concurrentes, no sé por qué razón le causé

lástima, y con todo disimulo hizo que la conversación reca-
yera sobre los perjuicios que causa el exceso de la bebida.
¡Oh, y qué buen predicador nos encontramos! El decía:

—Señores, no hay remedio, Dios lo crió todo para el
hombre, y no puede negarse que un buen trago de vino
o de aguardiente reanima nuestras fuerzas, promueve la
digestión, vivifica el espíritu, hace derramar la alegría en
nuestra sangre, y distrayéndonos de los cuidados y pesares
que nos rodean, nos concilia un sueño tranquilo y provechoso.

"A mí me agrada bastante un trago de vino, especialmente cuando estoy en sociedad con mis amigos. No soy
para esto escrupuloso: me acuerdo que el mismo Dios por
el Eclesiástico dice: 'El vino ha sido criado desde el principio para alegrar al hombre y no para embriagarlo. Bebido con moderación, es la alegría del alma y del corazón,
y tomado con templanza es la salud del espíritu y del
cuerpo. Así como bebido con exceso es la amargura del alma y causa riñas, displicencias y muchos males.' [1]

"A más del estrago que causa en la salud y en el
espíritu, perturba la razón en el hombre y lo hace un objeto dignamente ridículo a cuantos observan sus descompasa-
das acciones, sus balbucientes palabras y sus desconcertados
discursos.

"No es menester que el bebedor esté incapaz de hablar
ni de moverse; en este caso ya está narcotizado y no puede
causar cólera ni risa. Cuando está como dicen ustedes, a
media bolina o medio borracho, entonces es cuando hacen
reír o incomodar sus necedades. Aun de hombres distingui-
dos nos acuerda la historia hechos ridículos y extravagantes,

---

[1] Eclesiástico. XXXI, 35-42.

que no dimanaron de otro principio sino de lo mucho que bebían.

"¿Quién no se reirá de buena gana al oír que el famoso poeta Chapelle, platicando y bebiendo una noche con un mariscal de Francia, resolvió ser mártir con su compañero, a quien dijo que ambos irían a Turquía a predicar la fe cristiana? 'Entonces —decía Chapelle— nos prenderán, nos conducirán a cualquier bajá; yo responderé con constancia y vos también, señor mariscal; a mí me empalarán, a vos después de mí y vednos luego en el paraíso.' El mariscal se enojó porque el poeta quisiera ponerse primero que él, y sobre esto armaron tal campaña que se tiraron uno al otro, haciendo rodar las sillas, mesas y bufetes. ¿Cuál sería la risa de los que acudieron a apaciguarlos, al oír el motivo de su riña?

"Monsieur Blanchard tuvo cuidado de conservarnos esta anécdota, y al dicho abate le cae más en gracia que otra vez, en casa del famoso Molière, este mismo Chapelle, después de haber bebido con sus compañeros, disgustado de las miserias de la vida, los persuadió a que sería una grande heroicidad el matarse por no sufrirlas. Convencidos los camaradas con los discursos del poeta, resolvieron ir a ahogarse en un río que estaba cerca de la casa de Molière. En efecto, fueron y se arrojaron al agua. Algunos de la casa que los siguieron y otras gentes del lugar los sacaron. Ellos se irritaron y los querían matar por semejante agravio. Los pobres criados corrieron a refugiarse a la casa de Molière. Informado éste del motivo de la riña, les dijo que por qué siendo su amigo, querían excluirlo de la gloria de que participaría siguiendo su proyecto. Todos le concedieron la razón y lo convidaron a que se fuera al río para que se ahogara con ellos.

" 'Poco a poco —contestó Molière— este es un gran negocio y conviene que se trate con madurez. Dejémoslo para mañana; porque si nos ahogamos de noche, dirán que estamos desesperados o borrachos; mejor es que lo hagamos de día y delante de todos, y así lucirá más nuestro valor.'

"Los amigos quedaron persuadidos; se fueron a acostar y al día siguiente, disipados los vapores del vino, ya todos pensaron en conservar sus vidas."

Hasta este cuento me acuerdo que le entendí al platicón; pero como mientras él predicaba yo bebía, me quedé dormido sobre la mesa, y el fondero tuvo la bondad de acostarme en un banco.

A las cuatro de la mañana volví en mí o desperté, y azorado de verme con esclavina o chaqueta, me levanté, me refregué las manos, me lavé la cara, tomé café y me fui para mi casa muy fruncido a vestirme de gala para ir a buscar la vida como siempre.

Poco tiempo la pude conservar, porque esta hidropesía de que padezco cuando escribo estos renglones, se apoderó de mí y me acarreó todos los males que leeréis en el capítulo catorce de esta legítima y verdadera historia.

CAPITULO XIV

EN EL QUE DA RAZÓN DE SU ENFERMEDAD, DE LOS MALES
QUE LE ACOMPAÑARON, Y SE CONCLUYE POR MANO AJENA
LA NARRACIÓN DEL FIN DE LA VIDA DE NUESTRO FAMOSO
DON CATRÍN

Queridos míos: cuando escribo este capítulo, que pienso será el último de mi vida, ya me siento con muchas ansias, el vientre se me ha elevado y las piernas... digo, la pierna se me ha hinchado más de lo que yo quisiera, y por estas razones es regular que salga menos metódico, erudito y elegante que ninguno de los de mi admirable historia, porque ya sabéis que *conturbatus animus non est aptus ad exequendum munus suum:* el ánimo afligido no está a propósito para desempeñar sus funciones, según dijo Cicerón o Antonio de Nebrija, donde únicamente he leído esta sentencia. Alabad, alabad, amigos, mi erudición y mi modestia aun a las orillas del sepulcro. Ningún escritor haría otro tanto en el borde mismo de la cuna; pero dejémonos de prevenciones, continuemos la obra y salga lo que saliere.

Una anasarca o general hidropesía se apoderó de mi precioso cuerpo; me redujo a no salir de casa, me tiró en la cama. Marcela llamó al médico, y entre él y el boticario me llevaron la mitad de lo que había rehundido; a lo último me desahuciaron.

Mi querida Marcela, luego que oyó tan funesto fallo, se mudó la noche que se le antojó, llevándose de camino todo lo que había quedado; pero me dejó recomendado a la casera, lo que no fue poco favor. La dicha casera, el mismo día de la desgracia, me consiguió una cama en el hospital, me condujo a él y cátenme ustedes sin un real, sin alhaja que lo valiera, enfermo, abandonado de la que más quería, lleno de tristeza y entregado a la discreción de los médicos y practicantes de este bendito hospital en que me veo y en donde no pensé verme, según lo que tenía guardado y el amor que me profesaba Marcela.

Pero ¡ah, mujeres ingratas, falsas e interesables! Maldito sea quien fía de vuestras mieles, juramentos, cariños y promesas. Amáis a los hombres y los aduláis mientras pueden seros de provecho; pero apenas los veis en la amargura, en el abandono, en la cárcel o en la cama, cuando, olvidando sus sacrificios y ternezas, los desamparáis y entregáis a un perdurable olvido.

Abrid los ojos, catrines, amigos, deudos y compañeros míos: abrid los ojos y no os fieis de estas sirenas seductoras que fingen amar mientras consiguen esclavizar a sus amantes; de estas perras que menean la cola y hacen fiestas mientras que se comen vuestra sustancia.

Hay muchas Marcelas, muchas viles, muchas interesables en el mundo. Digan los panegiristas del bello sexo que hay mujeres finas, leales y desinteresables; señálenmelas a pares en la historia; yo diré que será así; las habrá, pero no me tocó en suerte conocer a ninguna de ellas sino a Marcela, mujer pérfida e ingrata, que apenas perdió las esperanzas de mi vida, cuando me robó, me dejó sin recurso para subsistir, y por una grande seña de su amor me encargó al cuidado de una vieja.

Mas en fin, Dios se lo pague a esta vieja; por su piedad aún vivo y tengo lugar para escribir estos pocos renglones.

La hidropesía, el agua, la pituita o qué sé yo, que cada día me va engordando más, y yo no quisiera semejante robustez...

Voy escribiendo poco a poco y sin orden, y así debéis leer.

El médico me dice que me muero y que me disponga. ¡Terrible anuncio!

El capellán ha venido a confesarme y yo, por quitármelo de encima, le he contado cuatro aventuras y catorce defectillos.

El me absolvió y me aplicó las indulgencias de la bula.

Se me ha traído el Viático y se me ha hecho una ceremonia muy extraña, pues si he comulgado dos veces, han sido muchas en mi vida.

El practicante don Cándido se ha dado por mi amigo; me chiquea mucho y me predica; mas a veces me sirve de amanuense; tengo confianza en él y le he encargado que concluya mi historia. Me lo ha ofrecido; es fanático y cumplirá su palabra, aunque borre esta expresión; pero es un buen hombre.

Me ven muy malo sin duda porque me han puesto un Cristo a los pies; qué sé yo qué significan estas cosas, tengo un espíritu muy fuerte.

El practicante admira mi talento, compadece mi estado y me da consejos.

Ya me cansa; quiere que haga las protestas de la fe; que me arrepienta de mi vida pasada, como si no hubiera sido excelente; que pida perdón de mis escándalos, como si en un caballero de mi clase fuera bien visto semejante abatimiento; quiere que perdone a los que me han agraviado; eso se queda para la gente vil; el vengar los agravios personales es un punto de honor, y no hay medio [1] entre tomar satisfacción de una injuria o pasar por un infame remitiéndola.

Quiere este mi amigo tantas cosas, que yo no puedo concedérselas. Quiere que haga una confesión general ya boqueando. ¿Habéis oído majadería semejante?

Me espanta cada rato con la muerte, con el juicio, con la eternidad, con el infierno. Mi espíritu no es tan débil que se amedrente con estos espantajos. Yo no he visto jamás un condenado, ni tengo evidencia de esos premios y castigos eternos que me cuentan; pero si por mi desgracia fueren ciertos, si hay un Juez Supremo que recompense las acciones de los hombres, según han sido, esto es, las buenas con una gloria y las malas con un eterno padecer, entonces yo me la he pegado, pues si me condeno escapo en una tabla.

Aun cuando hago estas reflexiones, ni me acobardo, ni siento en mi corazón ningún extraño sentimiento; mi espíritu disfruta de una calma y de una paz imperturbable.[2]

Las ansias me agitan demasiado, el pecho se me levanta con el vientre... me ahogo... amigo practicante, seguid la obra...

---

[1]   Así piensan los que no saben en qué consiste el verdadero honor.

[2]   "La paz de los pecadores es pésima", dice el Espíritu Santo.

CONCLUSION

HECHA POR EL PRACTICANTE

Ya no pudo seguir dictando el triste don Catrín. La disolución de sus humores llegó a su último grado; el pulmón se llenó de serosidades, no pudo respirar y se murió.

Se le hicieron las exequias correspondientes, según los estatutos del hospital, bajando su cadáver caliente de la cama, llevándolo al depósito y a poco rato al camposanto.

¡Pobre joven! Yo me condolí de su desgracia y quisiera no haberlo conocido. El manifestó con su pluma haber sido de unos principios regulares y decentes, aunque dirigido por unos padres demasiado complacedores, y por esta razón muy perniciosos.

Ellos le enseñaron a salirse con lo que quería; ellos no cultivaron su talento desde sus tiernos años; ellos fomentaron su altivez y vanidad; ellos no lo instruyeron en los principios de nuestra santa religión, ellos criaron un hijo ingrato, un ciudadano inútil, un hombre pernicioso y tal vez a esta hora un infeliz precito; pero ellos también habrán pagado su indolencia donde estará don Catrín pagando su relajación escandalosa. ¡Pobres de los padres de familia! A muchos ¡cuánto mejor les estuviera no tener hijos, si han de ser malos, según dice la verdad infalible!

Luego que leí los cuadernos del pobre don Catrín, y oí sus conversaciones y me hice cargo de su modo de pensar y del estado de su conciencia, le tuve lástima; hice lo que pude por reducirlo al conocimiento de la verdad eterna; mas era tarde, su corazón estaba endurecido como el de Faraón.

Me comprometí a concluir la historia de su vida; pero ¿cómo he de cumplir con las obligaciones de un fiel historiador sino diciendo la verdad sin embozo? Y la verdad es que vivió mal, murió lo mismo, y nos dejó con harto desconsuelo y ninguna esperanza de su felicidad futura.

Aun en este mundo percibió el fruto de su desarreglada conducta. El, a título de bien nacido, quiso aparentar decencia y proporciones que no tenía ni pudo jamás lograr, porque era acérrimo enemigo del trabajo. La holgazanería le redujo a la última miseria, y esto le prostituyó a cometer los crímenes más vergonzosos.

Se hizo amigo de los libertinos, y fue uno de ellos. Su cabeza era el receptáculo del error y de la vanidad; adornado con estas bellas cualidades fue siempre un impío, ignorante y soberbio, haciéndose mil veces insufrible y no pocas ridículo.

Sus hechos son el testimonio más seguro de su gran talento, fina educación y arreglada conducta.

Toda su vida fue un continuado círculo de disgustos, miserias, enfermedades, afrentas y desprecios; y la muerte en la flor de sus años arrebató su infeliz espíritu en medio de los remordimientos más atroces. Expiró entre la incredulidad, el terror y la desesperación. ¡Pobre Catrín! ¡Ojalá no tenga imitadores!

Sobre su sepulcro se grabó el siguiente epitafio.

SONETO

Aquí yace el mejor de los Catrines,
el noble y esforzado caballero,

el que buscaba honores y dinero
en los cafés, tabernas y festines.

Jamás sus pensamientos fueron ruines,
ni quiso trabajar ni ser portero;
mas fue vago, ladrón y limosnero.
¡Bellos principios! ¡Excelentes fines!

Esta vez nos la echó sin despedida,
dejándonos dudosos de su suerte:
él mismo se mató, fue su homicida.

Con su mal proceder, Lector, advierte
que el que como Catrín pasa la vida,
también como Catrín tiene la muerte.

FIN DE
DON CATRÍN DE LA FACHENDA

NOCHES TRISTES

Y

DIA ALEGRE

ARGUMENTO O IDEA
DE LAS *NOCHES TRISTES*

Desde que leí las *Noches lúgubres* del coronel don José Cadalso, me propuse escribir otras *Tristes,* a su imitación, y en efecto las escribí y las presento aprobadas con las licencias necesarias.

No me lisonjeo de haber logrado mi intención; antes conozco que así como es imposible que la ruda iguale a la palma en altura, y que el pequeño gorrión alcance el elevado vuelo del águila que se remonta hasta los cielos, así es imposible que mi pobre pluma iguale la elocuencia que a cada línea se admira en las obras de este célebre y moderno escritor.

Con esta salva, me parece que deben acallarse los críticos, cuando noten la enorme diferencia que hay entre mis *Noches* y las de Cadalso, pues yo no digo que he imitado su estilo sino que quise imitarlo. Si no lo he conseguido, el defecto ha sido mío, que me arrojé a una empresa ardua; pero me consuelo al acordarme que bastante es emprender las cosas arduas aunque no se consigan. *In arduis voluisse sat est.* Pasemos a dar una breve idea de la materia de estas *Noches* y de su objeto.

La persona fatal o desgraciada de la novela es un tal Teófilo, hombre virtuoso, cuya paciencia y constancia probó la Providencia en cuatro noches.

En la primera, se ve calumniado y reducido a una cruel y horrorosa prisión.

En la segunda, que se intitula *La pérdida en el bosque,* presencia el fin funesto de su criado, hombre criminal y blasfemo. El mismo se ve a los bordes del precipicio y escapa a favor de la espantosa luz de un rayo.

En la tercera noche, sufre un triste desvelo, con la muerte de una infeliz, en cuya casa se hospedó.

En la cuarta y última, después de haberse perdido, se refugia a un cementerio, en donde halla improvisamente el cadáver de su infeliz mujer. Este terrible encuentro lo hace desfallecer y rendirse bajo su peso. El sepulturero que lo acompaña lo lleva a su casa, en la que, después de vuelto en sí logra con ventaja el premio de su resignación cristiana.

Tal es el asunto de estas noches, y fácil es concebir que su objeto moral no es otro que enseñar al lector a humillarse y adorar en silencio los decretos inescrutables de la alta y divina Providencia, asegurado de que ésta nada previene ni determina sino con relación a nuestro bien, al que siempre está propensa y decidida.

El católico que esté penetrado de estos religiosos sentimientos tiene mucha ventaja para sobrellevar los trabajos y miserias de esta vida sobre el impío y el incrédulo ateísta; pues éste todo lo atribuye al acaso, y aquél, aunque confiese la existencia de un Dios, blasfema de su alta Providencia, y ambos reciben el fruto de su perversidad en los remordimientos que los agitan y en la desesperación que les hace insoportables las infelicidades de esta vida, y los acompaña hasta el sepulcro.

Cum subit illius tristissima noctis imago,
Labitur ex oculis nunc quoque gutta meis.

OVIDIO, *Tristia*, Lib. I, Eleg. III.

NOCHE PRIMERA

LA PRISION

Teófilo, un ministro de Justicia y un carcelero

TEÓFILO.—¡Oh triste noche! ven y cubre con tu oscuro manto los males y desdichas de los hombres. ¡Oh noche! tus horas son sagradas. Cuando el sol oculta sus luces bajo nuestro horizonte, tú tachonas el cielo con las brillantes estrellas, que tan benignamente influyen el suave sueño a los mortales.

A favor de tus sombras silenciosas descansan de sus afanes y trabajos, y el inocente desgraciado halla en tus tinieblas espantosas un asilo seguro contra las desdichas que le persiguen por el día.

Tal soy sin duda. Hoy he sufrido altanerías de un necio con poder, baldones de un rico altivo, desprecios de un amigo ingrato y... ¡cuántas cosas, cuyo recuerdo me es desagradable hasta lo sumo! Mas ya la triste noche, separándome del comercio de los hombres, hace desaparecer de mis ojos estos objetos de odio y abominación y, obligándome a retirar al albergue sagrado de mi casa, me presentará en su lugar los ídolos más dignos de mi amor.

Sí, yo entraré en ella como al asilo de la paz; mi fiel y amable compañera me recibirá con mil caricias; mis tiernos hijos se colgarán de mi cuello y estamparán sus inocentes besos en mi frente. El chiquillo se sentará a juguetear sobre mis rodillas; el grande reclinará su cabeza con la mayor confianza en mi amoroso pecho, mientras su madre me pregunte con el más vivo interés el éxito de mis negocios; pero ¡qué insensato fuera yo si oprimiera su amable corazón refiriéndole mis sinsabores! No; callaré lo adverso, disimularé mis contratiempos, hablaremos de asuntos familiares y domésticos, y, después de tomar juntos y alegres el frugal alimento que previno mi cuidado, entregaré mi cansado cuerpo al limpio y humilde lecho que me espera.

Mi almohada entonces recibirá gustosa mi cabeza, y la lisonjera reflexión de que a nadie he hecho mal en este día, me facilitará en medio de mis aflicciones el reposo y el sueño más tranquilo. Pero ¡qué es esto! ¿Qué gente armada me sorprende, impidiéndome la entrada de mi casa?

MINISTRO.—La justicia es. Deteneos. Daos a prisión.

TEÓFILO.—¿Yo a prisión?

MINISTRO.—Sí, vos. ¿No sois Teófilo?

TEÓFILO.—El mismo.

MINISTRO.—Pues sois el delincuente a quien se busca. Aseguradlo.

TEÓFILO.—Jamás he sido delincuente. Si lo fuera, no vendría con tanta serenidad a caer en vuestras manos.

MINISTRO.—Eso prueba necedad, no inocencia.

TEÓFILO.—¿Qué delito he cometido?

MINISTRO.—Sí, vos. ¿No sois Teófilo?

TEÓFILO.—Lo ignoro; mi conciencia no me acusa de ninguno.

MINISTRO.—Todos los criminales dicen lo mismo. Sois reo de un robo y tres homicidios.

TEÓFILO.—¡Reo de delitos!

MINISTRO.—¿No lo oís?

TEÓFILO.—Estáis equivocado. No seré yo.

MINISTRO.—Bien, ya se sabrá. Amarradlo.

TEÓFILO.—No me atropelléis, que soy hombre de honor.

MINISTRO.—Si conocierais lo que es honor, no os vierais tratar de esta suerte; pero el infame pierde todos los fueros y privilegios. Caminad.

TEÓFILO.—Permitid que me despida de mi esposa.

MINISTRO.—No es necesario.

TEÓFILO.—Tendrá mucho cuidado por mi ausencia.

MINISTRO.—No importa. Caminad, que es tarde.

TEÓFILO.—Si habláis otra palabra, juro que os haré andar a sablazos.

TEÓFILO.—Conformémonos, suerte ingrata: no se te puede resistir. Caminemos.

MINISTRO.—Nada valen ya esas hipócritas resignaciones. Lo que debéis hacer es recordar los cómplices de vuestro crimen para delatarlos y componer vuestra conciencia, porque no viviréis muchos días.

TEÓFILO.—Así lo entiendo. Tal puede ser la vehemencia de la calumnia.

MINISTRO.—Mucho insistís en justificaros, o a lo menos en pretenderlo. Pero es en vano... Hay presos ya algunos de vuestros compañeros y la denuncia ha sido muy segura.

TEÓFILO.—Jamás he tenido compañeros en la maldad, porque me he excusado de cometerla.

MINISTRO.—Vaya, seréis un inocente; pero no sé cómo os libraréis de tantas pruebas que están producidas contra vos. Los cómplices, la denuncia y vuestros papeles os condenan sin la menor duda. Yo no soy el juez de vuestra causa; pero tengo muchas noticias seguras.

TEÓFILO.—No lo serán mucho. Porque ¿qué papeles míos o qué ilícitas correspondencias habéis visto?

MINISTRO.—Los que están en poder de los magistrados y los que acabo de sacar de vuestra casa, pues aunque éstos no los he visto, supongo que serán lo mismo que los otros.

TEÓFILO.—¿Cómo así? Pues qué ¿se ha cateado mi casa?

MINISTRO.—Ya está hecha esa forzosa diligencia y quedan asegurados vuestros pocos bienes.

TEÓFILO.—¡Justo cielo! ¿Y mi infeliz mujer? ¿Mis tristes hijos? ¡Qué habrán padecido en tal terrible lance, ignorando la suerte y paradero de su padre...!

MINISTRO.—No tengáis cuidado. A vuestra esposa se le dijo que por una deuda os embargaban y que, según noticias, vos, para escapar de la prisión que os esperaba, habíais huido esta misma noche y se sospechaba que trataríais de embarcaros para el Perú.

TEÓFILO.—No fue el remedio menos cruel que la herida. ¡Ah! si supierais la sensibilidad de esa buena mujer y el sincero amor que me profesa, la compasión os hubiera sugerido ahorrarle semejante pesadumbre...

MINISTRO.—Sois un bribón que no conocéis las leyes de la gratitud. ¿Así pagáis mi desinteresado comedimiento? ¡Insolente!

TEÓFILO.—No me insultéis, que el encargo que se os confía no os autoriza para maltratar a un indefenso; y más, que debéis advertir que yo en nada os agravio cuando os manifiesto que quisiera que mi esposa no hubiera sabido...

MINISTRO.—Callad. ¿Pues valiera más que yo la hubiera dicho la verdad?

TEÓFILO.—Sí; más valía que la hubierais dicho lo que creéis ser verdad. Ella entonces, satisfecha de mi virtud, no lo habría creído y, confiada en el que vela sobre el justo, esperaría con resignación mi libertad y el resarcimiento de mi honor; pero como dijisteis ser el motivo una deuda, lo habrá creído sin el menor escrúpulo, porque ¿quién no puede contraer una deuda? Ni ¿quién será hábil para libertarse de las vejaciones de un acreedor cruel y favorecido?

MINISTRO.—Habláis mucho y sin sustancia; pero ya estáis donde pagaréis vuestras malicias. Ya estamos en la cárcel. Entrad.

TEÓFILO.—Depósito de la iniquidad: hónrate con que un hombre de bien pise tus umbrales esta vez. Entremos.

MINISTRO.—Carcelero.

CARCELERO.—¿Qué se ofrece?

MINISTRO.—Entregaos de este faccioso criminal.

TEÓFILO.—Decid, de este pobre desgraciado.

MINISTRO.—¿Aún habláis, insolente, y tenéis cara para profanar el nombre del honor y la virtud con esos impuros labios?

CARCELERO.—¿Pues quién es este inocente nuevo que me habéis traído de huésped esta noche?

MINISTRO.—Este es un gran pícaro; es el famoso Teófilo, de quien tenemos tanto encargo.

CARCELERO.—¡Ah! sí. ¿Este es el Teófilo... pues, aquel cierto Teófilo? Ya, ya sé quién es.

MINISTRO.—Pues ya os lo entrego. Aseguradlo bien hasta mañana, y no le permitáis comunicarse con persona nacida; ninguna compasión os merezca: es un vil.

CARCELERO.—Sí, id sin cuidado. Bonito soy yo para compadecerme de ninguno. Aun las mujeres hermosas, cuyas lágrimas encantadoras a todo el mundo rinden, no consiguen nada conmigo. Ved, y qué lástima será capaz de infundirme este barbón. ¿Tienes dinero?

TEÓFILO.—Ninguno.

CARCELERO.—Pues siéntate. Te calzaré los grillos más pesados, pues éstos los merece el reo más criminal y pobre como tú.

TEÓFILO.—¿No puedo redimirme de este tormento ofreciendo gratificarte mañana?

CARCELERO.—Aquí no es tienda; no se admiten plazos. De contado se ha de pagar un favor, o sufrir.

TEÓFILO.—Pues suframos.

MINISTRO.—Repito que no os descuidéis con él, porque es muy malicioso.

CARCELERO.—Dejad su seguridad a mi cuiaddo.

MINISTRO.—Adiós.

CARCELERO.—Pon los pies iguales.

TEÓFILO.—Ya están; mas te ruego que no golpees tan recio, que se me rompen las piernas.

CARCELERO.—Y ¿qué me importa? ¿Acaso a mí me duele, o soy tu padre para lastimarme de tus dolores? Pagaras y te tratara con más suavidad de la que mereces.

TEÓFILO.—Dices bien. Haz lo que quieras.

CARCELERO.—Ya están remachados. Entra en este calabozo.

TEÓFILO.—No me puedo mover con tanto peso.

CARCELERO.—Eres muy delicado. Apenas tienen treinta libras.

Teófilo.—Será así; pero no estoy acostumbrado a estas prisiones.

Carcelero.—Pues acostúmbrate. Haz tu deber y anda, que es tarde y quiero recogerme.

Teófilo.—No puedo.

Carcelero.—Pues yo te haré poder con este látigo, anda.

Teófilo.—¿Así ultrajas la humanidad abatida?

Carcelero.—No me prediques; entra.

Teófilo.—Ya entro. El golpe del rastrillo ha herido funestamente mis oídos. ¡Qué mansión tan oscura y horrorosa! ¿En dónde estoy? Por ninguna parte entra la más mínima luz. ¡Qué espanto! ¡Qué pavor tan inesperado sobrecoge mi corazón! Que el malhechor se sobresalte siempre, no es nuevo. Esto es muy natural. ¿A qué delincuente no asusta el temor del castigo que merece su delito? Pero que tiemble el inocente, que se abata el que no ha delinquido, luego que se ve sumergido en el peligro, no sé a qué secreto impulso lo pueda yo atribuir. ¿En qué se fundaría Horacio para decir que el inocente pasará libre y tranquilo por los riesgos más temibles? Seguramente eso sería en la edad dorada de los poetas, o él mismo jamás había experimentado el temor de la persecución criminal.

Pero, después de todo, yo ¿qué he hecho? ¿En qué he delinquido? ¿Cómo he podido merecer estos ultrajes? Mi conciencia, fiscal el más seguro de mis acciones secretas, no me acusa de ninguna por la que deba yo sufrir estos rigores. Sin embargo, los sufro y los padezco sin haberlos merecido. He hallo sepultado en las cavernas del horror, cargado de prisiones, separado de la dulce compañía de mi familia, solo, triste, abatido y esperando el funesto fallo contra mi vida y honra.

¡Oh, cruel condición de la miseria humana! ¡Que ni la más arreglada conducta, ni el honor, ni la virtud misma sean a veces bastantes a asegurarnos de los tiros de la ignorancia o de la malignidad de los hombres!

Mas ¿qué es lo que hago? Estas tristes consideraciones son inútiles. De nada sirve la apatía en estos casos, sino de hacer más pesada la horrible situación del individuo. Pues no. Yo he de esforzar mi espíritu, yo he de alentar mi ánimo desfallecido, acordándome, en medio de las aflicciones que me cercan, de que todo se hace en el mundo, o por decreto o por permisión del Ser Supremo. ¿Qué tengo de afligirme? Soy inocente; la Providencia velará sobre mi conservación y la de mis hijos.

A la escasa luz de este tabaco veré dónde estoy y acomodaré en el mejor rincón mis cansados miembros, mientras llega el día. Delante del sol brillará mi honrada conducta, sus dorados rayos disiparán la densa niebla de la calumnia, y la justicia, satisfecha de mi inocencia, me restituirá libre y con honor a la sociedad y a mi familia. Sí, esto ha de ser; yo alumbro...

Pero ¿qué es esto? ¡Qué nuevo horror me pavoriza! En un momento veo destruidos mis consuelos y mis esperanzas desmayando. ¡Ay de mí! Quería alentar mi espíritu con el recuerdo de mi ninguna culpa; pero advierto que se arrastra y se aniquila hasta lo sumo a la presencia de estos fúnebres objetos. No se ve aquí otra cosa que grillos, cadenas, sogas, cerones, cubas y sacos de infelices ajusticiados. ¿En dónde estoy? ¿Qué funestas ideas me suscitan estos terribles aparatos de la muerte? ¿Por qué me habrán encerrado en esta fatal mazmorra y no en otro lugar menos espantoso? Sin duda está muy inmediato el término de mi vida ¡Triste presagio! Acaso será costumbre depositar aquí las víctimas, para advertirles se prevengan a recibir la muerte.

Por todas partes toco su imagen. Ya no basta la idea de mi inocencia a reparar mi corazón; mi espíritu desfallece por momentos... Mas ¡qué es esto! Yo he tropezado y caído sobre un hombre. Sí, el bulto que toco no es de otra cosa. ¿Quién será este desgraciado que me acompaña? El triste duerme profundamente. Ni mis voces, ni el peso de mi cuerpo, han sido bastantes a despertarlo. ¡Pobrecito! ¡cuántas noches quizá habrá pasado sin cerrar los ojos! Su situación me compadece. ¡Miserable! duerme, descansa de las fatigas que atormentan tu espíritu y tu cuerpo por el día.

Pero no, despierta; consuélate con el infeliz que te acompaña; cuéntame tus desgracias, oye las mías, y entre ambos aliviaremos nuestras penas.

Mas no despierta, después de que lo muevo fuertemente. Apenas se le percibe la respiración. ¡Si estará enfermo o si se habrá privado en fuerza del dolor que lo oprime! Todo puede ser. Tocaré su pulso... ¡qué horror! su mano yerta parece mármol frío. Este desgraciado está muerto. Le alumbraré la cara... ¡Qué susto! Es un cadáver el que yo juzgué mi compañero. Esto me faltaba para acabar de confundirme. Todos son preludios de mi muerte. ¡Qué pavor! ¿Quién será este desdichado? Alumbraré otra vez, a pesar de que lo resiste no sé qué secreta repugnancia...

¡Qué objeto tan espantoso! Su cara está negra, sus facciones desfiguradas, sus manos traspasadas con dos saetas. Este infeliz, sin duda fue algún salteador que ajusticiaron y lo han depositado en este calabozo para a la madrugada conducirlo a algún camino real. ¡Desdichado de ti! ¿Pero qué digo desdichado? Feliz y muy feliz. El ha muerto, es verdad; perdió la vida, pero con ella satisfizo sus delitos; murió, pero supo que fue justamente; dejó de existir entre los vivos, mas también dejó de padecer los terribles remordimientos de su conciencia y ya no vive en fin, pero descansa para siempre.

¡Qué diversa es su suerte de la mía! Yo también moriré, yo sufriré la afrenta que él sufrió; pero la sufriré inocente, padeceré sin culpa y dejaré a mi triste familia la nota de la infamia, sobre el desconsuelo de mi pérdida. ¡Oh consideraciones funestas! ¡Oh momentos de desesperación y de dolor! Sólo la muerte podrá librarme del peso que me agobia.

Sí, muerte amiga, ven; ya no te temo, ya no te huyo, ya no eres, a mi vista, horrorosa ni formidable. En este cadáver te miro risueña y apacible; te considero como la única y poderosa redentora de todos los males de los hombres. Ven, muerte, pues; ven, apresúrate a socorrer a un infeliz que clama por que lo recibas en tus brazos. El golpe de tu segur es un solo golpe, terrible ciertamente; pero un golpe inevitable y un golpe piadoso que nos redime de otros muchos, más tristes y temibles. Tú nos privas de la vida; pero ¿qué es la vida para que vivamos tan engreídos con ella? ¿Es otra cosa que una tela en donde se teje sin cesar nuestra desdicha? Muramos, Teófilo, y muramos contentos, pues con la muerte se consigue el descanso que jamás sabe proporcionar la vida.

Pero el cielo parece que atiende benignamente mis clamores. El estruendo de las llaves y candados anuncia no sé qué felicidad a mi corazón.

En efecto, es el carcelero. Ya entra, pero admirado se detiene a mi vista... Sin duda se ha compadecido y no acierta a darme la alegre nueva de mi muerte. Lo animaré.

—Entra, amigo, habla, no te turbes. ¿Vienes a anunciarme el fin de mis últimos días? ¿Vienes a conducirme a la capilla? Dilo todo, dame este gusto; no te dilates. Tú eres mi amigo, tú mi verdadero consolador; apresúrate a entregarme a la muerte lo más pronto, a una muerte que espero con resignación... He dicho mal, a una muerte que deseo con ansia y que considero como el fin de mis intolerables desgracias. Ya me es insufrible el peso de esta vida que arrastro. Ea, vamos a morir, amigo, vamos a morir. ¡Ojalá se precipiten los últimos instantes de mi existencia, como el peñasco que se desgaja de la cima de aquel monte!

CARCELERO.—No te traigo la fatal noticia que deseas...

TEÓFILO.—¡Qué dices! ¿Aún no se decreta mi muerte? ¿Aún se me prolonga la vida para hacerme padecer con lentitud?

CARCELERO.—Me turbó el hallarte hablando solo y con tal entereza, cuando pensé que el miedo...

TEÓFILO.—Nada temo sino vivir.

CARCELERO.—¿Tan mal estás con la vida?

TEÓFILO.—Para nada la quiero.

CARCELERO.—Pues si el vivir te disgusta, vivirás a tu pesar. Siéntate.

TEÓFILO.—¿Qué vas a hacer?

CARCELERO.—A quitarte los grillos.

TEÓFILO.—¿Y para qué?

CARCELERO.—Para ponerte en libertad.

TEÓFILO.—¿Qué dices?

CARCELERO.—Acaban de traer al verdadero Teófilo que se buscaba, que es el delincuente, y te voy a echar a la calle antes que amanezca y sepan los jueces la tropelía y mal proceder del comisionado.

TEÓFILO.—Yo lo perdono; pero no sé si me deba dar el pésame de esta desgracia.

CARCELERO.—¿Desgracia llamas el recobrar tu libertad?

TEÓFILO.—Sí la llamo. Desgracia es vivir en un mundo lleno de peligros. Ya estaba yo resuelto a morir; ya no pensaba sino en salir de esta vida, para librarme del infinito número de miserias que nos afligen y amenazan cada instante. Tú me has quitado el gozo con que me disponía a recibir la muerte. Yo viviré, sí, yo volveré a ver la luz del sol en mi libertad, y ¿para qué? Para ser mañana otra vez el juguete de la fortuna o el escarnio de los hombres.

¿Qué me importa vivir hoy, si mañana he de morir quizá más afligido y más desesperado? Hoy moriría con el consuelo siquiera de no merecer la muerte, moriría asegurado en mi conciencia; pero soy hombre; mañana puedo delinquir y en este caso el castigo me sería más doloroso.

CARCELERO.—A pesar de esto, tú debes vivir, pues está de Dios que vivas.

TEÓFILO.—¿Yo debo vivir pues está de Dios que viva? Es verdad. Soy un necio, soy un cobarde en apetecer la muerte, por eximirme de los males que me afligen.

Sólo la pasión exaltada puede en ningún modo disculpar este bastardo modo de pensar.

Es una bajeza de ánimo el desear la muerte por no sufrir con constancia nuestras infelicidades. La tranquilidad en medio de ellas manifiesta, sin la menor duda, la magnanimidad del corazón.

Carcelero.—Ya estás libre. Vete.

Teófilo.—Adiós.

NOCHE SEGUNDA

LA PÉRDIDA EN EL BOSQUE

Teófilo, Rodrigo y Martín

TEÓFILO.—¡Qué noche tan oscura y espantosa! Un precipicio se abre a cada paso. Las espesas y negras nubes nos impiden gozar siquiera la débil luz que prestan las estrellas. Nada tarda en descargar sobre nosotros la inmensa mole de agua que pende sobre nuestras cabezas... Ya gotea fuertemente... Los relámpagos nos deslumbran y los terribles truenos de los rayos nos asustan y estremecen, amenazando cada instante nuestras vidas...

El aguacero crece por momentos y el furioso huracán hace crujir las robustas encinas de estos montes. ¿Dista mucho, Rodrigo, la posada donde podamos guarecernos de esta terrible tempestad?

RODRIGO.—No lo sé.

TEÓFILO.—¿Cómo no? Pues al ajustarte conmigo ¿no me dijiste que sabías estos caminos?

RODRIGO.—Sí lo dije, y alguna vez lo he andado; pero ahora no sé donde estoy. Nos hallamos perdidos. Vos tenéis la culpa.

TEÓFILO.—¿Yo?

RODRIGO.—Sí, vuestra indiscreción en poneros a caminar cerca de ponerse el sol.

Teófilo.—El interés que tengo en caminar no me permite dilaciones; quisiera ser rayo para girar con su velocidad en pos de lo que busco.

Rodrigo.—Pues ¿qué buscáis con tanta ejecución?

Teófilo.—A mi esposa, a la querida mitad de mi alma, a la mujer más noble y más amante.

Rodrigo.—Según eso, ha huido de vos y, en este caso, no es tan noble ni amante como decís.

Teófilo.—¡Ah, no injuries con tan bajos conceptos un alma tan grande y bondadosa! Mi mujer no huyó de mí, ni nunca tuvo motivo para temerme ni aborrecerme.

Rodrigo.—Pues ¿por qué la buscáis por los caminos? ¿Qué causa la obligó a separarse de vuestra compañía?

Teófilo.—Su lealtad, su amor, su fineza.

Rodrigo.—¿Es posible que por amaros se ausentó de vos?

Teófilo.—Sí, Rodrigo; anoche, por un equívoco, me vi en una horrible prisión, acompañado de un cadáver. Al prenderme, no se me concedió ver a mi esposa; el ministro ejecutor de mi arresto, creyendo hacerme un gran servicio, dijo a ésta que mis bienes se embargaban por una deuda y que a mí se buscaba por lo mismo; pero que él tenía noticia de que yo había huido para Acapulco con designio de embarcarme.

Apenas mi fiel compañera oyó esta noticia y se vio despedida de su casa, cuando, según me dijeron las vecinas, dejó sus hijos no sé donde y ha marchado sola, a pie y sin dinero, en mi solicitud. ¿Qué podía yo hacer sino partir luego al instante en pos de una mujer tan digna?

No he perdido más tiempo, si puede llamarse perdido, que el que empleé en solicitar o saber el para-

dero de mis hijos. En momentos recorrí por las casas
de nuestros deudos y conocidos. Mas fue en vano; no
los pude encontrar y, temiendo perderlo todo, me resolví y marché aunque ignorante del camino. En él
te hallé y en él te acomodaste a acompañarme. He aquí
la justa causa de mi precipitada caminata y la ninguna
culpa que tengo en nuestra pérdida.

RODRIGO.—Ciertamente que son vuestros trabajos harto
crueles; pero no tanto como los míos.

TEÓFILO.—En nuestras mayores desgracias debemos con-
formarnos con los sabios decretos de la Providencia.

RODRIGO.—Para el que se halla agitado, como yo, del dolor, del temor y la desesperación, esos consuelos son
muy fríos. Nada calman la agitación de las pasiones.

TEÓFILO.—Te engañas. Los consuelos más sólidos y opor-
tunos no se hallan sino en el seno de la religión. Cuando el hombre no es ateísta, no puede encontrar asilo
más dulce y seguro en medio de sus mayores aflicciones sino en la religión católica.

Sí, Rodrigo: ella nos enseña que hay un Dios grande, autor de cuanto existe, legislador supremo de cuanto hay dentro y fuera de la naturaleza, sabio por esencia
y bueno en el último extremo de bondad; nos asegura
que este Ser Eterno nos ama infinitamente más que
nosotros mismos, que nada decreta que no se dirija a
nuestro bien, que nos crió y nos conserva, que vela
constantemente sobre nuestra felicidad y nada omite
por su parte de cuanto a ella conduce y que...

RODRIGO.—Bueno está. Vos tenéis un elegante estilo para
misionero. Tal vez persuadiréis con facilidad a las viejas y a los idiotas; pero yo no soy de éstos. Dudo mucho de lo que decís y no sé cómo combinar ese amor

extremado, ni esa cuidadosa Providencia, con el infinito enjambre de males que rodean al mísero mortal, sin cesar de acompañarlo desde la cuna hasta el sepulcro.

Conozco algunos hombres desgraciados que nunca, o rara vez, le han visto al placer la cara. Yo soy uno de ellos. Toda mi vida ha sido una cadena no interrumpida de enfermedades, miserias, sinsabores y pesadumbres. No parece sino que hay algún genio superior a mí que se complace en verme padecer y que todo lo rodea y lo dispone con este cruel y azaroso designio, porque...

TEÓFILO.—Basta, Rodrigo: ese modo de producirse arguye o un entendimiento grosero, o un corazón muy corrompido, o todo junto. Solamente un alma ennegrecida con tan criminales cualidades puede agraviar a la deidad con semejante blasfemia. ¿Crees tú que el bueno, el justo, el piadoso por esencia, se complazca en lastimar a los que son hechuras de sus manos? ¿Piensas que nuestro soberano autor es un padre cruel que, como el fabuloso Saturno, se deleite en devorar sus mismos hijos? No, Rodrigo, lejos de ti tan viles sentimientos.

Para que otra vez juzgues y hables con decoro acerca de la augusta Providencia, advierte que no todos los que llamamos males lo son en realidad. Estamos acostumbrados a trocar los nombres de las cosas, y a cada paso llamamos al bien mal, y al mal bien. De aquí proviene que tengamos como un mal positivo todas las privaciones de nuestros gustos y todo cuanto se opone al logro de nuestros deseos, aun cuando éstos sean los más desordeandos. No es menester una revelación para conocer que muchas veces la Providencia embaraza nuestros designios por nuestro bien; la experiencia y la razón, cuando les hacemos lugar, nos convencen de esta verdad.

También debes advertir que no todos los males que nos afligen vienen dirigidos a nosotros por un decreto absoluto de Dios. Más veces buscamos el mal nosotros mismos, que las que él nos busca. El Ser Supremo impuso desde el principio ciertas y determinadas leyes a la naturaleza, que no las traspasará sino por un milagro; y así el fuego siempre devorará lo combustible, el agua mojará, los graves se inclinarán hacia el centro, y así de todo. Dios concurre a las operaciones de la naturaleza, sin cuyo concurso todo se reduciría a la nada, y en este sentido se dice que no se mueve la hoja del árbol sin la voluntad de Dios; pero se ha de entender, sin una voluntad permisiva, no volitiva o imperiosa.

En tal sentido, es una verdad infalible que nada se hace sin la voluntad de Dios, ni el pecado, pues éste se hace con su voluntad permisiva, es decir, lo permite, no lo quiere; y así permite que nos aflijan muchos males que, por otra parte, quisiera que no nos afligieran. Por ejemplo: por un admirable mecanismo estableció Dios desde el principio la respiración para la vida animal; siempre que esta función se detenga por mucho tiempo, faltará la vida. He aquí la ley de la sabia Providencia, ordenada a la naturaleza, en hombres, aves y brutos. Ahora bien, un desesperado suicida se suspende de la garganta en un árbol, se impide la respiración, muere, y quizá se condena. Estos son unos males positivos; pero están en el orden natural y, de consiguiente, en nada se oponen a la Providencia ni a la suma bondad del Ser Supremo.

Dios permite que aquél se ahorque, que en este caso muera y que si muere sin su reconciliación se condene, porque es la misma justicia. Dios permite todo esto; pero ¿diremos que quiere se ahorque y que muera eternamente? De ninguna manera; lo contrario, nos asegura por su palabra divina que no quiere la muerte del pecador, sino su conversión y vida; luego éste se mató porque quiso y no porque Dios decretó que tuviera un fin tan desastrado; sufrió un gran mal por su culpa y no porque Dios lo condenó, aunque lo permitió. De esta clase son muchos de los males que afligen a los hombres y que el impío atribuye al acaso o a una Providencia cruel y sin orden.

RODRIGO.—Bien, pero lo cierto es que Dios prevé el mal que me ha de afligir, puede evitarlo y no lo hace; luego quiere positivamente que yo padezca el tal mal; pues a no querer, claro es que lo evitara, así como evitó que los leones devoraran a Daniel en el lago, que el fuego del horno de Babilonia consumiera los tres niños, que el mar anegara a los israelitas perseguidos por Faraón, y así como ha evitado otras innumerables desgracias.

TEÓFILO.—Tu modo de discurrir, aunque extraviado, me confirma en lo que ya había sospechado por tu traje, y es que tus principios han sido otros que los de un mozo de camino.

Pero seas lo que fueres, a mí me basta verte sumergido en el error para compadecerte y procurar desengañarte según puedo. Cierto es que Dios prevé nuestros males y que pudiera evitarlos si quisiera, como de hecho nos libra de mil a cada instante, y aun en la oración domínica nos enseñó a pedirle que nos libre de todo mal; pero ¿de qué males nos librará con especialidad su Providencia? De aquellos que el hombre no se acarrea, de aquellos a que voluntariamente no se expone y de aquellos de que no se puede precaver por sus propias fuerzas, y aun de éstos no siempre, sino cuando conviene a sus altísimos designios, ya se interese en ellos la gloria de su nombre, ya el bien de sus criaturas.

De esta clase de males se vio amenazado Daniel en el lago, los niños en el horno, los israelitas en el mar, y otros muchos que ni se expusieron al mal, ni estaba en su arbitrio el libertarse de él. En éstos, Dios ha tomado por su cuenta el libertarlos, como lo ha hecho, interrumpiendo el orden prescrito a la naturaleza, de cuyos milagros ha resultado gloria a Dios y utilidad a todas sus criaturas.

Mas estos casos son muy raros, y el hombre jamás debe pedirle lo libre de los males por semejantes medios, porque esto se llama tentar a Dios, quien nunca hace milagros a nuestro antojo, ni mucho menos debemos esperar que nos libre del mal a que nos exponemos, conociendo el peligro inminente. Por esta razón tengo por una piadosa candidez la devoción con que el toreador, puesto delante de la fiera, invoca a los santos, esperando que Dios por su intercesión lo libre de aquel peligro a que voluntariamente se expone, cuando él solo, sin ocurrir a Dios, pudiera librarse no poniéndose delante de las puntas del toro, quien seguramente no le había de ir a buscar a su casa para herirlo, y sabiendo, o debiendo saber, que es una verdad eterna que el que se expone al peligro, las más veces perece en él.

Rodrigo.—Eso es incontestable.

Teófilo.—Pues a este modo son muchos de los males que
afligen a los hombres, y siendo por su culpa, los atri-
buyen los impíos a la Providencia, pero injusta y temerariamente.

   El que disipó su patrimonio, el holgazán inútil, el
glotón, el pícaro, el pendenciero y otros así ¿con qué
cara se quejarán de la Providencia por la miseria que
les aflige, por las enfermedades que padecen, por los
castigos, golpes y penalidades que sufren, cuando ellos
con sus vicios y desarreglada conducta se labran sin
cesar su suerte desgraciada?

Rodrigo.—Al fin queréis persuadirme que Dios no determina ningún mal a las criaturas, sino que éstas se
buscan cuantos padecen, y que por lo mismo es temeridad y tentar a Dios, pedirle que nos libre de los
males. Decid lo que quisiereis; pero no sé cómo conciliar vuestra doctrina con la costumbre de la Iglesia,
a quien oigo pedir a Dios nos libre de todo mal. Bien
lo sabéis: preces tiene para suplicar nos libre de los
rayos, de los terremotos, de las guerras, de las muertes
repentinas, etc., y según esto, yo debo creer que todos
los males son decretados por Dios, puesto que se le
pide que nos libre de ellos o, lo que es lo mismo, que
jamás los decrete contra nosotros.

Teófilo.—Tú te equivoacs, Rodrigo; mi doctrina no se
halla en oposición con la costumbre de la Iglesia. De
las máximas de religión que ésta me enseña, saco cuanto te digo y tú no entiendes; pero oye: la santa Iglesia
pide a Dios que nos libre de todo mal, mas esto no
prueba que Dios decrete todo el mal. El Ser Supremo
no es autor del mal. El mal, te he dicho que sucede

con la permisión de Dios; pero también te expliqué que no es lo mismo permitir que querer. Debemos pedirle que nos libre del mal y confiar en su poder, pues es omnipotente y puede librarnos, y no sólo puede, nos libra en efecto de mil desgracias, de que no podemos precavernos, y con tanta bondad que mil veces nos libra sin pedírselo. ¡Cuántas ocasiones, acuérdate, cuántas veces hubieras perecido en esta riña, en aquel encuentro, en tal camino, en aquel río y en otros precipicios en que te has visto y de los que te ha sacado la omnipotente mano del Altísimo! ¿De cuántos riesgos no te has visto libre por esta invencible mano? Acuérdate y reflexiona que tú no fuiste suficiente a escaparte de ellos por tus propias fuerzas, y que quizá al tiempo de salvarte no te acordaste de Dios para nada, preocupado únicamente del susto que te amenazaba.

Pero de que Dios sea absolutamente poderoso para librarnos de todo mal, y de que así se lo debemos pedir, no se deduce que cuantos males nos afligen sean determinados o decretados por Dios. Mucho menos se arguye que esté, digámoslo así, obligado a librarnos, aun a costa de milagros, de aquellos males que nosotros nos acarreamos por nuestra culpa, ni a salvarnos de los peligros a que nosotros temerariamente nos exponemos. Sus atributos resplandecen en todo y su bondad se hace perceptible aun a las crituras insensibles. Los cielos anuncian su gloria y las obras de sus manos certifican su poder.

En fuerza de esta bondad, dotó al hombre de entendimiento para conocer el bien y el mal, y le dejó un albedrío para que despóticamente eligiera entre uno y

otro, según su gusto. Esta luz de la razón y esta libertad concedida al hombre lo hacen digno de premio o de
castigo. Liberalidad que cierra a los impíos la boca para
que no puedan blasfemar contra la justicia ni providencia del Criador, y que les arrancará a su pesar aquella espantosa consecuencia: luego solamente por nuestra
culpa, por nuestra malicia y querer, nos apartamos del
camino de la verdad.

Hay otra equivocación en la materia. Vulgarmente
llamamos mal a todo cuanto nos aflige, y en este sentido los males de que nos quejamos son los trabajos
y miserias de esta vida. Ello es cierto, que así como
no hay en el mundo otra felicidad que la que da la
gracia, que es lo que se debe llamar único, sólido y
verdadero bien, así tampoco hay mayor infelicidad que
el pecado, que es el solo verdadero mal.

Pero aunque comparativamente llamemos bienes a
las prosperidades temporales, y males a las miserias
y trabajos, debemos advertir que Dios no sólo permite
que éstos nos aflijan según el curso de las causas naturales, sino que muchas veces los ordena y nos los envía
directamente, o para nuestra corrección, o para nuestro
mérito, y en ambos casos, lejos de tenerlos por males,
los deberíamos reconocer como unos bienes celestiales,
por más que nos lastimen; así como el enfermo no tiene por un mal el cáustico, sino por un remedio eficaz,
del que mil veces depende su salud.

Cuando el hombre se quita la venda de las pasiones
y levanta los ojos limpios a su Autor, se consuela en
medio de sus aflicciones con la seguridad de estas verdades.

Entonces se acuerda que dicen los Proverbios que

"los días del pobre que teme al Señor, están llenos de privaciones; pero la tranquilidad de su alma le es en vez de abundancia". Entonces lee con gusto lo que dice San Pablo: "Gloriémonos en las tribulaciones, las cuales producen la paciencia, estableciendo ésta la prueba de nuestro amor, y perfeccionando nuestra virtud nos da una esperanza firme." Entonces se acuerda con Job que "es dichoso el hombre a quien prueba el cielo y que no se deja abatir en los trabajos, ni desanimar por los sufrimientos, que siendo la señal cierta de una predilección divina, debemos llevarlos con alegría". Entonces sabe en el libro de los Hebreos: que "no aflige Dios sino a aquellos que él constituye en el número de sus hijos, ni corrige sino a los que ama". Ultimamente, entonces conoce que "son bienaventurados los que lloran y felices los que padecen, siendo justos".

RODRIGO.—¡Buen espíritu tenéis para misionero! ¿Habéis acabado?

TEÓFILO.—Nadie es capaz de elogiar dignamente las magnificencias del Señor; pero lo dicho es suficiente, a mi parecer, para hacerte conocer que Dios es justo y bueno, sobre toda bondad y justicia; que su sabia Providencia todo lo ordena a nuestro bien, y que lejos de complacerse en los trabajos que nos afligen, como piensan los impíos, incesantemente vela sobre nuestra sólida felicidad.

RODRIGO.—Así os parece, pero os engañáis; nada de cuanto habéis hablado me convence. Hay criaturas nacidas sólo para llorar y sufrir. ¡Desgraciado de mí! Soy uno de ellos...

TEÓFILO.—Esfuérzate, Rodrigo, que cuando pase la negra tempestad que te oprime, tú conocerás la verdad y te consolarás resignándote, como debes, en la divina Providencia.

RODRIGO.—Vuestros consuelos son inútiles. Mi mal es cruel y mi dolor vehemente y no tengo esperanza de remedio.

TEÓFILO.—¿Qué puede ser que no halle alivio en la esperanza?

RODRIGO.—Soy desgraciado. Hoy ha muerto mi esposa, la mujer más amable del mundo, y ha fallecido en los brazos del dolor y la miseria. Ha muerto en la flor de sus años, sólo por haberme amado, y yo, teniendo o debiendo tener proporciones para haberla asistido, he sido tan desdichado que ni la he podido sepultar, viéndome precisado a abandonar el cadáver, dejándolo solo en la accesoria en que vivía, y venir acompañándoos, sufriendo las inclemencias de esta pesada noche, y cosas peores.

TEÓFILO.—Es dolorosa, amigo, tu situación; yo te compadezco al par de mí; pero ¿qué crueles ocurrencias te condujeron a tan lastimoso estado?

RODRIGO.—Oíd en breve: yo amaba a la que fue mi esposa y era correspondido de ella tiernamente. No restaba otra cosa que casarnos para disfrutar tranquilamente nuestro amor; mi padre se opuso a este enlace injustamente, no porque mi esposa tuviera ninguna cualidad que la hiciera indigna de mí, sino porque era pobre. Yo, no pudiendo resistir mi pasión, me casé contra su gusto, y él, vengativo y codicioso, me desheredó al instante, dejándome en la calle y rodeado de miserias.

TEÓFILO.—Tu padre anduvo imprudente; mas tú debiste haber tentado otros medios más suaves para obtener

su permiso, antes que atropellar su voluntad violenta-
mente.

RODRIGO.—El era un viejo áspero, duro y cruel; al paso
que afeminado y condescendiente. Jamás me trató con
prudencia sino, o con un rigor excesivo o con una mi-
mada contemplación, con cuyo arte logró que yo lo
aborreciera unas veces y otras lo tratara sin respeto.
Ultimamente, si yo fui un hijo perverso e ingrato, él
fue un padre tirano y consentidor...

TEÓFILO.—Amigo, yo te he escuchado con espanto. Acaso
tu padre será del extraño carácter que dices; mas nunca
te es lícito deshonrarlo con tanta desvergüenza, ni pintar sus defectos con tan negros coloridos. ¡Pobre viejo!
Tal vez a esta hora tendrá noticia de tus desgracias, se
habrá dolido de ella, tratará de redimir su imprudencia, te habrá buscado y, no hallándote, estará derramando lágrimas amorosas por tu ausencia. Vuélvete, Rodrigo, vuélvete y consuela su cansada vejez.

RODRIGO.—Melindrosas son vuestras persuasiones, el viejo
cruel jamás me amó. Su hijo y su ídolo era el oro,
ni conocía otro amor que el del dinero y...

TEÓFILO.—Bueno está; pero al golpe de la inmatura muerte de tu esposa, es de creer que habrá despertado de
ese letargo. Ya se acordará que es padre; estará pesa-
roso de su capricho, querrá consolarte y estrecharte en
sus brazos. Sí, Rodrigo, así lo creo. Vuélvete, que el
triste anciano estará llorando por ti a esta misma hora.

RODRIGO.—Os engañáis. Mi indigno padre, a esta hora
no se ocupa sino en llenarme de maldiciones que ¡ojalá no tarden en cumplirse!

TEÓFILO.—¡Qué profieres! Eso es temeridad.

RODRIGO.—No, sino una verdad evidente. Yo, en medio

de mi dolor y miseria, fui a verlo para que me diera algún socorro. El me recibió con su acostumbrado desabrimiento; me irrité; quise tomar por fuerza unas onzas de oro que había sobre la mesa; él se llenó de rabia, me dio una bofetada y yo, entonces...

TEÓFILO.—¿Qué, qué hiciste?

RODRIGO.—Le pasé el corazón con un puñal...

TEÓFILO.—No prosigas. ¡Qué horror! ¡Qué sacrílego atentado! ¿Sabes qué has hecho? ¿Sabes que has atraído sobre ti todas las maldiciones del cielo? ¿A tu padre? ¿Al que te animó? ¿A tu vice Dios has asesinado? ¿Es posible que aún vives y...?

RODRIGO.—Basta, no me conjures. Sé cuál es mi delito; pero ¿qué tengo con saberlo? Todo lo he perdido en un momento: mi esposa, mi padre, mi hacienda, mi honra, mi libertad, mi vida y mi alma...

TEÓFILO.—Cállate, bárbaro, tu alma no está perdida. Clama a Dios y te perdonará.

RODRIGO.—Ya es tarde.

TEÓFILO.—Jamás lo es para arrepentirse.

RODRIGO.—No puedo. Mi crimen es muy atroz.

TEÓFILO.—La misericordia de Dios es infinita.

RODRIGO.—Para mí no alcanza.

TEÓFILO.—Arrepiéntete, confía...

RODRIGO.—Me es imposible. La espada vengadora está sobre mi cabeza. La sombra de mi cruel padre me persigue. ¡Ay, triste! ¿No la veis, qué horrible y ensangrentada me persigue? Sí, miradla, cómo anegada en unas negras llamas me avisa estar en los abismos por mi causa; miradla qué furiosa y cómo me amenazan sus ojos centelleantes y furiosos. ¡Miserable de mí!

TEÓFILO.—Tu temor es fundado; pero no desconfíes, clama a Dios...

RODRIGO.—Está sordo. ¿No veis cómo se tapa los oídos? Mi condenación se ha decretado.

TEÓFILO.—Rodrigo: vuelve en ti. Teme al Señor, pero duélete de tu culpa y espera...

RODRIGO.—¿Qué he de esperar? ¡Mal haya mi existencia!...

TEÓFILO.—¡Qué espanto! A la luz de este relámpago he visto despeñarse desde esta cima al infeliz Rodrigo. Rodrigo... Rodrigo... No responde. El infeliz cayó en un impetuoso arroyo y ha muerto impenitente. ¡Desdichado! Su crimen lo condujo a la desesperación y ésta a la impenitencia final. ¡Terrible estado!

Pero ¡valgame Dios! Qué cerca estuve yo de acompañarlo en tan aciaga muerte, si la atmósfera encendida tan a tiempo no me avisara de mi próximo peligro. ¡Oh Providencia benéfica! Yo adoro tus decretos y, cosida la cara con la tierra, alabaré y bendeciré tus admirables giros.

Mas ¿qué hago aquí? Ya parece que los aguaceros son menos fuertes; dentro de un rato es de creer que cesarán del todo y que, disipándose las ya delgadas nubes, abrirán el paso a alguna claridad. Me volveré por donde vine. Alta Providencia, en quien confío, sosténme en esta espantosa y tristísima noche, y dirige mis inciertos pasos para que no me conduzcan al precipicio...

En efecto, el agua cesó; el horizonte se va limpiando y no tarda la aurora en dejarse ver. ¡Oh, qué noche tan amarga ha sido ésta! Anoche, sepultado en una oscura prisión, pensaba que no podía tener otra peor;

mas ésta ha sido más fatal, aunque por otra parte más provechosa para mí.

En medio de las incomodidades del recio temporal, del temor de los frecuentes rayos, del desvelo, de la fatiga y de la incertidumbre del lugar en donde me hallo, me ha proporcionado mil saludables recuerdos el triste fracaso de Rodrigo. ¡Qué desgracia! ¡Qué infelicidad la de ese hombre y la de su padre! Estas sí son desgracias, estos sí son verdaderos males y trabajos irreparables. . .

Verdad es que el avariento padre de Rodrigo fue el motor de la desgracia de su casa. ¡Oh infame codicia, y de cuántos daños eres causa! Un padre cruel y avaro hizo en pocos días un parricida, sacrificó una joven virtuosa en las aras de la miseria, y él mismo fue víctima de la desesperación de su triste hijo. ¡Ay, hijos ingratos y desconocidos, que no sabéis sufrir los defectos de vuestros padres! Pero también ¡ay de vosotros, crueles padres, que no condescendéis con vuestros hijos en sus más honestos y lícitos enlaces, sino que los castigáis y aun aborrecéis cuando éstos no son conformes a vuestras miras codiciosas! Queréis casar los capitales y no las voluntades, como si el matrimonio fuera una negociación profana y no un sacramento, sacramento grande, como le llama San Pablo.

Mas ya la primera luz del sol alumbra los horizontes. Ya amanece. Las tinieblas se disipan, las inocentes avecillas con sus dulces gorjeos saludan al Criador. La naturaleza toda toma otro aspecto a la venida del padre de las luces, y. . .

MARTÍN.—Socorro, piedad, favor. . .

TEÓFILO.—Pero ¡qué lastimeros ayes hieren mis oídos!

¿Qué infeliz se queja y pide socorro en estos montes?

MARTÍN.—Pastores o vaqueros, amparadnos.

TEÓFILO.—A mi derecha se escuchan los clamores. Subiré
a la cima de esta loma, por si descubro su desgraciado
autor. Consuélate, infeliz, seas quien fueres, que aunque inútil, ya vuelo en tu socorro... Pero ¡qué miro!
Un pobre hombre desnudo se deja ver desde aquí
atado a un tronco. ¡Triste espectáculo! Ya él me vio y
con la cabeza me llama. Bajaré...

¿Quién eres desdichado? ¿Quién te ha puesto en
tan amarga situación? Ya te desato. Consuélate. ¿Llo-
ras? ¿La voz se te anuda en la garganta? ¡Pobre de ti!
Vamos, serénate, o llora si de este modo se desahoga
tu pena. Ya estás suelto. Soy tu amigo; refiéreme tus
aflicciones, por si puedo servirte de algún alivio.

MARTÍN.—¡Ah, buen señor! Yo soy un pobre que tengo
un miserable ranchito a dos tercios de legua de este
sitio, y me llamo Martín. Anoche vine con mi mujer
a recoger mis vacas para llevarlas al corral y nos asal-
taron unos ladrones, nos robaron las reses, nos golpea-
ron y desnudaron, y después de esto, nos ataron a estos troncos.

TEÓFILO.—¿Y dónde está tu infeliz mujer?

MARTÍN.—Allí está, señor, que ni el consuelo de estar
juntos nos permitieron. Miradla.

TEÓFILO.—Es verdad. Toma, cúbrete, y anda a cubrir y
desatar a tu esposa...

MARTÍN.—¿Qué hacéis, señor? ¿Vuestra manga[1] la rom-
péis?

---

[1] Manga se llama en América, una especie de gabán talar
que usa la gente de campo. Los que pueden, las usan galanas.

TEÓFILO.—Sí, toma tú la mitad y con la otra cubre a tu mujer.

MARTÍN.—Esa manga está muy buena, es lástima que la destrocéis; aún os puede servir.

TEÓFILO.—Jamás puede servir más dignamente. Anda.

MARTÍN.—Yo os agradezco, señor, esta fineza. Vuelvo.

TEÓFILO.—¡Qué fieros son los hombres! ¡Qué insensibles! ¿No bastaba robar a estos miserables sus bienes? ¿Aún era necesario desnudarlos y maltratarlos hasta el extremo?

MARTÍN.—Señor, señor, venid a ayudarme, que mi Teodora ha muerto.

TEÓFILO.—¡Qué dices! ¿Esta otra desdicha te esperaba?... Vaya, cúbrela bien y sostenla mientras la desato... No te desconsueles. Está viva.

MARTÍN.—¿Está viva, señor?

TEÓFILO.—Sí, Martín, está viva.

MARTÍN.—No, señor ¿no véis que no habla, ni respira y está fría como un hielo? ¡Ay de mí, que mi Teodora ha muerto!

TEÓFILO.—No, infeliz, no ha muerto. Está desmayada y fría, por el agua y el aire frío que ha sufrido en toda la noche. Ya está suelta. Súbela sobre mi caballo y sube tú a la grupa para que la llevemos a tu casa.

MARTÍN.—Señor, la cargaré en mis hombros. ¿Cómo habéis de ir a pie entre tanto lodo?

TEÓFILO.—No le hace; yo iré así de buena gana; importa mucho que no se pierda el tiempo. Sube y guía.

MARTÍN.—Sois un señor piadoso y compasivo.

TEÓFILO.—Sólo hago lo que debo. Vamos ¿tienes hijos?

MARTÍN.—Sí, señor, tres chiquillos. Quién sabe qué habrán hecho toda la noche sin nosotros.

TEÓFILO.—¡Triste de ti! Aún es joven tu esposa. ¿Te ama mucho?

MARTÍN.—¡Ah, señor, por eso la amo yo tanto! Es muy amante y fina mi Teodora... Pero ¿veis, señor? Ya desde aquí se mira mi chocilla.

TEÓFILO.—Es verdad. Aligera para que lleguemos pronto.

MARTÍN.—Si haré, y luego que lleguemos descansaréis, señor, y me haréis caridad en esperarme y cuidar de mi Teodora, mientras voy al pueblo, que está cinco leguas de aquí, a ver si viene el padre vicario y el médico.

TEÓFILO.—Querría continuar mi camino, pero haré cuanto quieras en favor tuyo y de tu pobre esposa.

MARTÍN.—Dios lo pagará, señor.

TEÓFILO.—Así lo espero.

MARTÍN.—Eh, ya llegamos. Mis hijos aún duermen amontonados unos sobre otros.

TEÓFILO.—Pues no los despiertes. Ven, carguemos la enferma... ¿Dónde la pondremos?

MARTÍN.—Aquí, señor, sobre estas jergas, que es toda nuestra cama.

TEÓFILO.—¡Qué miseria! Abrígala con esas mantas secas y dale a oler el humo de la lana quemada... ¿Ya ves?... Luego que se va calentando, va volviendo... Ya se mueve... Repite la operación... llámala... ¿Te responde?

MARTÍN.—Sí, pero apenas la oigo y habla despropósitos.

TEÓFILO.—En efecto, delira. La calentura es terrible. Ve por el médico, que el tiempo es muy de aprovechar en estos casos.

MARTÍN.—Pondré, señor, vuestro caballo en el corral para que almuerce. Vos secad vuestra ropa al fuego y reco-

geos cuando queráis, asad una gallina, pues yo no tengo
lugar, ni vos gustaréis que me dilate.

TEÓFILO.—No, en verdad. Anda, que yo cuidaré de todo
como pueda.

MARTÍN.—Voime.

TEÓFILO.—¡Qué desgracia es la mía! ¡Que siempre haya
de presenciar espectáculos tristes y espantosos!

NOCHE TERCERA

Teófilo y Martín

TEÓFILO.—Ya anochece; la enferma se agrava por momentos. Los auxilios faltan aquí del todo; estas criaturas lloran extrañando la compañía de un hombre que conocen, y Martín no parece. ¡Válgame Dios, y qué noche tan penosa se me prepara!

Pero aquel bulto que ya se mira cerca de la puerta ¿no es Martín? Sí, él es. ¿Qué hacías, Martín? Ya estaba yo cuidadoso de ti. ¿Qué es del confesor que fuiste a traer? ¿Dónde está el médico? ¿Tú vienes solo?

MARTÍN.—Sí, señor, solo vengo.

TEÓFILO.—¿Pues qué has hecho? ¿Por qué no vienen contigo esos señores?

MARTÍN.—Porque soy pobre y los hombres son muy crueles con los pobres.

TEÓFILO.—Pues ¿qué ha sucedido? ¿Qué te han dicho? ¿Por qué se han excusado?

MARTÍN.—El médico no viene porque habiéndolo hallado en una hacienda lejos del pueblo, me pidió veinte pesos por la visita, y como no tuve para dárselos, se negó del todo.

TEÓFILO.—¡Qué cruel! Ese bárbaro, si acaso es médico y no un ignorante charlatán, se ha olvidado del solemnísimo juramento que hizo de asistir a los pobres, cuando se examinó. ¿No le ofreciste nada absolutamente por la visita? Pues, en efecto, digno es el que trabaja de que se le pague su jornal en algún modo, y nadie debe darse por bien servido, pues todos comen de lo que trabajan.

MARTÍN.—Sí, señor: le ofrecí una vaca con su cría, que es lo mejor que me dejaron los ladrones.

TEÓFILO.—¿Y aun así no quiso venir?

MARTÍN.—No, señor.

TEÓFILO.—Es un malvado. ¿Qué más habías de hacer que ofrecerle cuanto tenías? En ti esa oferta o premio valía tanto como si un rico le hubiera prometido su caudal, pues tú le dabas todo el tuyo. Bien dices que son los hombres crueles con los pobres. Y el vicario ¿por qué no vino?

MARTÍN.—Dijo que estaban los caminos muy pesados con el agua de anoche; que él estaba un poco acatarrado, y que después de todo la enfermedad de mi mujer no sería nada.

TEÓFILO.—¿Así se te excusó el vicario?

MARTÍN.—Sí, señor.

TEÓFILO.—¿Qué hay que esperar de otros, si los que por su profesión y carácter debían dar ejemplo de caridad, así faltan a ella? Y tú en vista de su excusa ¿no ocurriste al cura?

MARTÍN.—Sí, señor; pero cuando lo vi estaba divirtiéndose a los naipes y me regañó mucho, diciéndome que para eso tenía vicario, que si éste estaba enfermo y no podía venir, él no tenía la culpa, que volviera mañana u otro día a ver si se había aliviado.

TEÓFILO.—¡Buen consuelo! ¡Excelente modo de cumplir

con un cargo tan grave, como el de cura de almas!
La lástima es que el caso que me refieres no sea falso.
¡Ojalá fueran ponderaciones tuyas y no tuviera repetidos ejemplares este descuido tan notable! ¡Qué cosas!
¿Conque el padre vicario se excusa con lo pesado del
camino y el cura con que tiene vicario, y te dicen que
la enfermedad no será nada, que vuelvas otro día?
Y si no da tiempo el mal y el paciente se va sin confesión, ¿qué cuenta darán a Dios de esas almas semejantes ministros indolentes? [1]

MARTÍN.—Señor ¿y cómo está Teodora? ¿Se ha aliviado?

TEÓFILO.—No, amigo, yo nunca trataré de engañarte. Tu
pobre esposa está gravemente enferma. La fiebre es de
lo más violenta. Ya está manchada, el delirio es continuo, los dientes están negros, el aliento indica la gangrena; el sudor es frío, los síncopes continuos. El hipo
no tardará en acometerla, al que se seguirá su pronta
muerte.

MARTÍN.—¿Qué decís, señor? ¿Su pronta muerte?

TEÓFILO.—Sí, hijo mío; es menester velarla esta noche,
pues es difícil que amanezca.

MARTÍN.—Pues perdonad, señor, entraré a verla.

TEÓFILO.—Sí, anda. Esos cuidados son muy dignos de un
esposo sensible y hombre de bien. ¡Triste Martín! ¡Qué
situación es la suya tan desgraciada! Solo, pobre,
cargado de una familia inútil e inocente, con su buena
mujer a las orillas de la muerte y en un páramo que no
presta el más mínimo socorro. ¿Qué sentirá el corazón
de este infeliz, y más cuando se acuerde de la insen-

----

[1] ¡Loor eterno a los ministros del santuario que llenan
sus deberes en el grave y delicado encargo de curas de almas!

sibilidad del médico y del vicario? ¡Ah, estos instantes son muy crueles! Es menester toda la fe y la gracia auxiliante para no confundirse... El llora... ¡pobre hombre! Yo lo compadezco: es esposo y es padre; tiene razón. Procuremos consolarlo. Martín... Amigo, ven acá.

MARTÍN.—¿Qué mandáis?

TEÓFILO.—¿Cómo hallas a Teodora?

MARTÍN.—Muy mala, señor; su muerte está muy próxima. Nada habla, ni conoce; su vista está quebrada; el pecho se le ha levantado y el ansia que tiene es terrible... Ay, Teodora mía ¿qué haré?...

TEÓFILO.—¿Qué has de hacer, amigo, qué has de hacer? ¿No eres cristiano? ¿No sabes que hay un Dios? ¿No lo conoces? ¿No te acuerdas que es tu Padre? ¿No estás seguro en lo mucho que te ama? Pues resígnate, amigo, abandónate a su divina y justa Providencia, con la confianza de uno de tus hijitos cuando corre precipitado y se deja caer entre tus brazos.

Yo también soy padre y soy esposo, mi mujer es el mismo amor y la fidelidad misma, y mis tiernos hijos son pedazos enteros de mi corazón. Si tú supieras por qué causa ando yo por estos lugares que no conozco, si tuvieras noticia de mis tristes aventuras, si pudieras saber el grado de dolor que excitan en mi alma tus contratiempos, acaso te consolarías con tu suerte y me compadecerías más que a ti.

Sí, Martín: mi suerte es más dura que la tuya. Tú verás morir a tu esposa y tendrás el alivio de que exhale el último suspiro entre tus brazos; llorarás, multiplicarás tus sentimientos, lavarás su cara con tus lágrimas, lágrimas de dolor; pero en alguna manera lágrimas dulces, pues se derraman con el objeto amado; en fin, tú quedarás asegurado de su muerte y te volverás a tus hijos. Estos tiernos pimpollos de tu amor serán muy suficientes para reparar una parte de la falta de su madre, y tú en ellos encontrarás algún desahogo.

Esta es tu situación ¡oh triste amigo! y éstos los consuelos que aún te quedan; pero yo ¡desgraciado! yo padezco tormentos más crueles y carezco de todo humano auxilio. Yo ando en pos de la mujer más amable y no sé de ella; temo sus desgracias y no puedo remediarlas; tengo hijos y no sé en dónde se hallan. Dime ahora si mi situación no es más dolorosa que la tuya.

Pero ¿qué hemos de hacer, Martín, en estos lances? ¿Nos hemos de abatir, hemos de desesperarnos, hemos de entregarnos con imprudencia a un abandono horrible y criminal? Nada de esto. Levantemos el corazón a Dios en nuestras mayores infelicidades; resignémonos en su alta y divina Providencia y confiemos en que nada dispone que no sea ordenado a nuestro bien. Estos son los únicos consuelos que tenemos que esperar. Sí, Martín, la religión, la religión es el único escudo que nos presenta la fe en tan desiguales batallas. Quitemos la religión católica del mundo, olvidemos las promesas divinas, abandonemos esta esperanza, y en breve todo infeliz será un suicida. ¿Quién será bastante a sufrir con paciencia las intolerables miserias que nos afligen y rodean? ¿No ves cómo...? Pero anda, humedece los labios a la enferma y avísame del estado en que se halle.

MARTÍN.—Vos decís muy bien, señor; pero yo no puedo consolarme. Quisiera morir con mi Teodora... Voy a verla...

TEÓFILO.—Yo creo muy bien que en estos duros instantes, no te será fácil el consuelo. No son nuestros corazones de bronce. Fuerza es que sientan los sensibles; pero tu fe, tu sencillez y religión te sostendrán para que el sentimiento no exceda los límites de lo justo. ¡Pobre Martín!...

Mas él vuelve llorando y apresurado. ¿Qué tienes? ¿Se agrava más la enferma?

MARTÍN.—Por momentos.

TEÓFILO.—¿Le has hablado? ¿Te conoce?

MARTÍN.—Cuando llegué abrió los ojos, me miró y dijo: "Yo me muero, Martín, cuida tus hijos." Entonces la tomé una mano, la llevé a mi boca y la humedecí con mis lágrimas. Ella lo advirtió y me dijo: "No llores, amigo ¿pues qué no sabes que es fuerza morir alguna vez? Esta vez se ha llegado y yo estoy contenta esperando ir a descansar eternamente."

Cuando esto dijo se volvió a privar, y a pocos instantes abrió los ojos restablecida del síncope y exclamó: "Sí, mi Dios, yo perdono a los que son causa de mi muerte, porque tú me mandas perdonarlos. Recibe mi alma y cuida de mi Martín y de mis hijos." Diciendo esto le repitió el síncope y el hipo no la deja sosegar. Entremos a verla.

TEÓFILO.—Sí, Martín, vamos a ser testigos de una muerte feliz; pues, según lo que dices, tu esposa es una joven de virtud.

MARTÍN.—Ah, señor, mi Teodora es una santa. Los murmuradores de los pueblos no tienen más pero que ponerle que su virtud, y así la conocen por el sobrenombre de la beata.

TEÓFILO.—Feliz quien justamente se hace merecedor de semejante sobrenombre. Entremos...

En efecto, está muy mala. Su última hora se acerca por instantes.

MARTÍN.—Lo más que siento es que no se haya confesado; bien que anteayer comulgó, como lo hace todos los días de fiesta.

TEÓFILO.—No te aflijas, que yo creo que no lo necesita. La resignación con que está, la tranquilidad con que espera la muerte, manifiestan el buen estado de su espíritu. Sólo el justo no se aterroriza en este trance. La gracia y la serenidad de su conciencia pintan en su cara una alegría nada común a las almas, a quienes sus crímenes espantan. ¿No tienes alguna imagen de Cristo crucificado, que tenga algunas indulgencias concedidas para esta hora?

MARTÍN.—Sí, tengo una romana que tiene indulgencia plenaria.

TEÓFILO.—Pues tráela, que ya es hora: ya agoniza...

MARTÍN.—Aquí está.

TEÓFILO.—Ponla en sus manos y dime ¿es cierto o me parece que está grávida?

MARTÍN.—No os entiendo.

TEÓFILO.—Que está encinta o embarazada como suelen decir.

MARTÍN.—Sí, señor, y de cinco meses ha...

TEÓFILO.—Esta es nueva aflicción; pero Dios nos ayudará en todo. Sosténle la cabeza y reza conmigo el credo...

MARTÍN.—¡Ay de mi Teodora!... Ya expiró.

TEÓFILO.—Sí, amigo, ya comenzó a vivir eternamente. No te aflijas mucho. Su suerte ya es feliz para siem-

pre... Mas ¿qué es esto? Tus hijos han despertado y
se han entrado hasta la cama...

¡Qué escena tan triste y dolorosa! Martín no des-
pega su cara de la difunta y sus tiernos hijos se echan
llorando sobre el cadáver. ¿Quién podrá reprimir los
sentimientos naturales, ni cómo podremos imponer
moderación en estos lances? Todo es aquí tristeza,
gritos, lamentos y suspiros.

Pero es preciso acudir a lo importante. Martín: ya
tu esposa murió; ya esto no tiene remedio; pero el hijo
que encierra en su vientre nos llama en su favor. Es
necesario tratar antes que muera de administrarle el
sacramento del bautismo.

MARTÍN.—Ay, señor ¿y cómo podremos hacer eso?

TEÓFILO.—Muy bien: haz que estos niños se retiren a un
cuarto separado, lo más pronto que se pueda, y ven acá.

MARTÍN.—Vamos, hijos... Ya están encerrados.

TEÓFILO.—Prevén un poco de agua clara.

MARTÍN.—Voy a traerla...

TEÓFILO.—Yo solo entretanto haré la operación, para que
Martín no tenga esto más que sentir... Por fortuna
él se ha dilatado el tiempo necesario. Ya está el niño
en mis manos y aún vive...

MARTÍN.—Aquí está el agua.

TEÓFILO.—Dámela.... Yo te bautizo, etc.

MARTÍN.—¡Qué es esto!

TEÓFILO.—Es tu hijo que ya está bautizado. Míralo. Todavía se mueve, aunque poco tardará en expirar.

MARTÍN.—Pero, señor ¿cómo hiciste esto?

TEÓFILO.—Muy breve, y esta fácil operación que se llama
cesárea deberían todos saberla ejecutar, por las utilidades que trae en estos casos... Pero tus hijos lloran

mucho, y hacen muchos esfuerzos por entrar. Abreles, dales este consuelo a los inocentes.

Ya este malogrado infante murió. Lo envolveré en este paño y lo pondré junto al cadáver de su madre. Las criaturas entran y el triste espectáculo se representa de nuevo con doble amargura. Fuerza es dejarlos que se desahoguen.

¡Oh muerte! ¡Qué terrible es tu imagen y qué triste el recuerdo de tu infalible venida! Toda esta pobre familia está envuelta en la más dolorosa confusión. Martín aprieta contra su pecho la cabeza de su esposa; los niños besan sus manos, abalanzándose al cadáver de su madre. Todos lloran, todos sienten su desventura y manifiestan sus sentimientos en el más alto grado de ternura. Sólo Teodora está inmóvil, sólo ella yace insensible en medio de esta escena de dolor.

Pero, ah, que no es Teodora la insensible, no es ella la que yace en esa pobre cama; es el cadáver de Teodora, la porción material y corruptible de su compuesto; mas Teodora no existe. Su espíritu ha recogido el premio debido a sus méritos y su cuerpo en breve será entregado a los gusanos. ¿Y es posible que el mismo fin he de tener yo, han de tener Martín, sus hijos, los nietos de éstos y todas las generaciones venideras? ¡Oh, qué verdades tan tristes, pero qué ciertas!

Son las tres. No puede tardar mucho en venir el día. Consolemos al pobre Martín y hagamos se disponga a sepultar los restos de su esposa. Martín... amigo, ven acá. Justo es que sientas a la mitad de tu alma; pero también es justo que te conformes con los decretos de la divina Providencia.

MARTÍN.—Ah, señor, he perdido a mi Teodora. ¿Quién me consolará? ¿Quién suplirá su falta? ¿Quién cuidará de mis hijos? ¡Infelice de mí!

TEÓFILO.—Eso es desconsolarse hasta el extremo. ¿Dices que has perdido a tu Teodora? ¡Qué engaño! No la has perdido, amigo mío, antes la has asegurado para siempre. Supuesta su virtud y contando con la piedad del Señor, ella descansa en su seno; ella ahora mismo está embriagada en unas delicias perdurables, y ella, en fin, es ya moradora de los cielos.

Tú dices que la amabas y yo lo creo; pero si la amabas ¿por qué sientes su felicidad? ¿Porque era buena? Por eso mismo debes alegrarte de que haya logrado tanta dicha, antes que desmerecerla, contaminándose con el vicio. ¿Porque murió joven? Eso debe consolarte al reflexionar que los años que dejó de vivir, los dejó también de padecer en este mundo ingrato y miserable. ¿La sientes por la azarosa causa de su muerte? Es justo: pero consuélete la memoria de su virtud y sábete que Dios ha dicho que la muerte de los justos es preciosa ante sus ojos y que, aunque sean sorprendidos por un fin imprevisto, gozarán no obstante de un descanso eterno. Ultimamente: si la sientes por la falta que debe hacer a ti y tus hijos, yo te concederé que es muy debido tal sentimiento, como tú me concedas que quien la crió, cuidará seguramente de vosotros mejor que ella, con tal que confíes en su bondad inacabable. Esto todo es así, tú lo conoces; conque haz lugar en tu corazón a estas verdades y verás cómo se mitiga tu dolor.

Entretanto, acude ahora a lo más importante. ¿Qué has pensado acerca de darle sepultura a este cadáver, pues la gangrena es terrible y lo corrompe cada momento más y más?

MARTÍN.—¿Qué he de pensar, señor? No tengo un real y es menester mucho para conducir el cadáver al pueblo y para pagar los derechos...

TEÓFILO.—No te aflijas. Toma este reloj que es de oro y véndelo en el pueblo en lo que puedas, que bien tendrás para salir de esta aflicción. Y para que no te dilates, ensilla mi caballo y vete. Yo te espero; mas mira que no tardes, pues me importa continuar mi camino.

MARTÍN.—Señor, vos sois mi padre y mi ángel tutelar; vos sois el único mortal compasivo, y...

TEÓFILO.—Basta, Martín. Anda pronto que ya no tarda mucho en venir el día y el tiempo nos hace falta.

MARTÍN.—Pues señor, si mi prontitud os agrada, ya vuelvo.

TEÓFILO.—¡Válgame Dios, qué alegre va el pobre de Martín con el reloj y qué placer tan dulce se siente al hacer un beneficio! ¡Bien hayan los ricos que se dedican a favorecer a los miserables! ¡Bendito sea su dinero cuando se emplea en aliviar las desgracias de los hombres!

Aún tarda mucho más de lo que quiero en venir la luz del día para alegrar el mundo; las tinieblas de la noche aumentan el horror y la tristeza de esta lúgubre escena; los pobres chiquillos se han quedado dormidos sobre el cadáver de su madre, cuyos miasmas corrompidos ya son intolerables al olfato, y si permanecen así están en evidente riesgo de contagiarse. Los quitaré; sí, su sueño es profundo, los pondré por este otro lado y cargaré sobre mí al más pequeño.

¡Pobrecito! El suspira en medio de su sueño. Parece

que conoce toda la falta que le ha de hacer su madre.
¡Triste recuerdo! ¿Qué será de mis hijos? ¿Dónde estarán? ¿Si los amará la persona que haya quedado en el
encargo de su cuidado? ¡Ay, amable Dorotea! ¿Qué
hiciste? ¿Dónde estarás? ¿Por qué me amaste tanto,
que te expusiste a perderte y abandonaste los frutos de
tu vientre por buscarme?

Mas ¿qué habrá sido de ti: joven, hermosa, sola,
pobre y errante por caminos desconocidos? Tu estado
a esta hora debe ser infeliz. Si a mí, siendo hombre, me
han asaltado tantos trabajos y peligros ¿cómo es posible
que tú hayas quedado libre de ellos? ¡Ay Dorotea,
quién supiera de ti, quién estuviera en tu compañía
al lado de mis hijos! ¡Oh, suerte triste y desgraciada!
¡Oh, Providencia eterna y arreglada! Sosténme para
que no me abata hasta el extremo, en situación tan
lamentable, pues estos tristes objetos que me rodean
parece que me pronostican aún nuevas fatalidades y
que no son sino los más fieles retratos de las desgracias que amenazan a mi mujer y a mis hijos.

NOCHE CUARTA

EL CEMENTERIO

Teófilo y un sepulturero

TEÓFILO.—Cumplió Martín, en cuanto pudo, con las leyes de la gratitud. No podía hacer más que haberme sacado al camino. Ya estoy en él. La noche con sus tinieblas ennegrece la tierra; los horizontes se han cerrado y la tempestad se prepara muy aprisa. Aquí se divide el camino en tres veredas ¿cuál será la que deberé seguir para no perderme segunda vez?

No sé lo que he de hacer; mas es fuerza resolverme. Tomaré esta vereda, que es la más ancha. ¡Ay, amable Dorotea, qué de aflicciones me cuestas! Y qué bien sufridas serán por mí, como tenga la suerte de encontrarte. ¿Qué será de mis tiernos hijos? ¡Desgraciados!... De la noche a la mañana se lloran en la más amarga orfandad. Una atropellada ignorancia me robó en un instante mi reposo, mi mujer y mis hijos. ¿Qué hombre no está sujeto a semejantes desventuras?

Ya el agua cae. Los relámpagos, precursores de la terrible tempestad, se multiplican con espanto, y la oscuridad de la noche me impide ver en dónde estoy. Yo me he perdido, sin duda alguna; pero pues me hallo a la boca de esta pequeña gruta, me guareceré en ella, a pesar del horror que me impone. Tal vez pasará pronto el aguacero y, con más luz, acaso encontraré el camino que deseo... La boca de la gruta es muy estrecha: apenas cabe un solo hombre. Me apearé y tendré mi caballo del ronzal...

¡El cielo me valga! Aturdido me ha dejado el rayo que acaba de dispararse de las nubes. Sin duda que ha caído no muy lejos de mí... Pero ¿qué es esto? El estallido espantó a mi caballo y ha huido, quitándome el cabestro de la mano. Ahora es peor mi situación. Solo, perdido y a pie, veo mucho más distante el logro de mis inocentes designios.

No parece sino que de cuatro noches acá se han conjurado contra mí, no solamente los hombres sino hasta los mismos elementos. Sí, yo soy el más desventurado de los mortales. ¿Qué culpa tan grande he cometido que he atraído sobre mí la maldición del cielo? La calumnia y la afrenta me persiguen; mis intereses se pierden; mi esposa huye de mí cuando parece que me busca, mis hijos se alejan de mi vista, el criado se mata y se condena delante de mis ojos. Muere una mujer a quien quise prestar algún alivio; jamás hallo el camino que deseo, el caballo me deja, la tranquilidad me falta, mi esperanza desfallece y por todas partes me rodea la sombra de la muerte.

¿Qué haré, infeliz de mí, qué haré en tan triste y deplorable estado? Los hombres me afligen y abandonan, y los cielos se empeñan en mi ruina... Pero ¿qué es lo que digo? ¿Yo soy Teófilo? ¿Yo me glorío de ser cristiano... y yo soy el que a otros he dictado los consuelos de la religión católica para remedio de sus aflicciones? Pues ¿cómo exagero las mías hasta el extremo? ¿Cómo profiero unas quejas tan agrias contra el cielo? Ah, yo me he olvidado de quién soy y he

querido arrojar lejos de mí el único apoyo con que
he contado siempre en medio de mis amarguras; pero
ya me avergüenzo y arrepiento de mi ligereza criminal.
Cubre, oh noche, con tu negro manto este descuido y
esconde de mí mismo, entre tus sombras, mi cobarde
abatimiento, y entonces alzaré los ojos y buscaré la
firme religión que me sostiene.

¿Quién soy? ¿Quién es el hombre, para no padecer
en esta vida? Y ¿qué es la vida sino un camino forzoso sembrado de espinas, por el que tiene que pasar
todo el que vive? Pues si es forzoso, si nadie puede
eximirse de sufrir, prudencia es resignarse en los trabajos.

Nacemos de mujer, dice Job, para vivir poco tiempo, y éste lleno de miserias. Y ¿quién fue Job que
estampó esta amarga verdad? Ah, fue un hombre a
quien el mismo Dios calificó por el más justo de su
tiempo, y fue a quien probó con las mayores calami-
dades y desdichas. El perdió sus haberes, sus hijos, su
salud y su opinión. La mujer que le quedó lo iba a
insultar, y sus pocos amigos tan sólo iban a mofarlo
en sus desdichas y a aumentar el sentimiento de sus
pesares, y su resignación en ellos fue el modelo de la
más cristiana conformidad. A todas horas bendecía el
nombre del Señor, adoraba sus decretos en silencio, y
obedecía su voluntad en medio del dolor y la amargura.

Pues si esto sufrió, si estas saludables lecciones me
enseñó aquel justo ¿qué deberé hacer yo, que acaso soy
el más delincuente, ante el más recto tribunal? ¿Qué
deberé sufrir, y con cuánta razón no debo conformarme con los sabios decretos de la Providencia?

Bien conozco, decía yo antenoche al infeliz Rodrigo, que Dios nos ama, que nada decreta ni dispone sino con dirección a nuestro bien, que mil veces permite y no quiere, el mal que nos aflige, pues ¿por qué no hago estas reflexiones sobre mí? ¿Por qué no aprovecho estas máximas saludables?

Estoy asegurado por la fe, por esta infusión divina de la gracia, de que Dios o decreta o permite las tribulaciones que padecemos, unas veces para nuestra corrección y otras para nuestro mayor mérito y provecho. Pues bien: si los trabajos que padezco son en castigo de mis culpas, debo sufrirlos gustoso, ya porque los merezco y ya porque quien me castiga es mi Padre y me prueba su amor al corregirme. Y si me los envía para acrisolarme ¿qué mayor dicha que poder convertir la escoria en oro, y el mismo veneno en medicina? Así es que yo debo, de cualquier modo, sufrir estas infelicidades con paciencia.

A más de que la vida del hombre es una guerra continuada, y para salir victorioso de la guerra es muy preciso el esfuerzo en el soldado. Es verdad que no siempre está en nuestra mano el conseguir este esfuerzo. Nuestra naturaleza es muy débil y nuestro corazón muy pequeño; poco peso nos rinde, cualquier violencia nos avasalla y abate; pero sí está en nuestra mano el suplicar al cielo que nos imparta este esfuerzo y que avalore nuestro espíritu desmayado. Así lo debo hacer. Los trabajos que paso no son comunes; mis penas ya me son insufribles y mi alma desfallece a cada paso.

Sin embargo, yo quiero resistir a la violencia de mis pasiones, quiero conformarme con los soberanos decretos y deseo para esto ser superior a mí mismo.

Pues si esto deseo, si esto quiero como justo y razonable, y no me hallo con fuerzas suficientes, tú, santo cielo, anímame, fortaléceme y haz que me sean fructuosas mis desgracias.

Mas ya el aguacero ha pasado y la pálida luna envía alguna pequeña luz por entre las delgadas nubes que la cubren. Subiré por la falda de este cerro, por si descubro algún camino real o alguna choza que me proporcione un pasajero descanso en esta amarga noche...

En efecto, hacia aquella parte se oyen ladridos de perros, y al opuesto lado se ve una opaca luz, que sin duda será de alguna hacienda. Yo he de bajar...

Así es, no me he engañado. Donde ladran los perros es un pueblo. ¡Qué claras llegan aquí las voces de sus vecinos! Pero este río me embaraza pasar en él la noche. Lo más acertado será ir a la casa donde se ve la luz. Voy...

Pero ¿qué es esto? Un gran edificio es el que toco, mas no conozco su estructura. La triste luz alumbra un retablo de las ánimas; quizá el que vive aquí tendrá esta santa devoción. He llegado por fin a la puerta. Ya está vieja y por entre sus rendijas no se ve cosa que aliente mi esperanza. Totalmente ignoro qué es lo que puedan contener estas paredes. No obstante, tocaré... Un profundo silencio reina en cuantos habitan esta casa. Quizá duermen. Golpearé con esta piedra... Mas ¡qué asombro! A mi impulso se han abierto las puertas. ¡Gran descuido!

Tengo de entrar para averiguar por mí mismo qué lugar es éste que me infunde horror y respeto... Yo entro... Pero, ay, he tropezado con una calavera. No se encuentran por aquí sino los miserables restos de nuestra corruptible humanidad.

¡Válgame Dios! Este es un panteón o cementerio. La plegaria de las ánimas que tocan en el pueblo se oye aquí clara, distintamente. Todo me recuerda la frágil existencia de los hombres. ¡Memorias tristes!

¡Qué momentáneos son los días de nuestra vida! La dilatada carrera de los años pasa en un soplo y las generaciones se precipitan al sepulcro. Mis padres ya no existen; una multitud de amigos que trataba ha desaparecido de mi vista, como las imágenes del sueño. Forzoso es ofrecer mis votos a sus manes. El tiempo, la honra, el lugar, me convidan a pagar este ligero tributo a su memoria...

¡Oh lugar pavoroso y terrible!... ¿Entraré más adentro? ¿Y por qué no? Por ventura ¿algún día no he de ser morador de estos recintos opacos? Yo entro... Mas ¡oh, qué horror sobrecoge mi espíritu en este santo lugar de la quietud! El pelo se me eriza... El rumor de las hojas de los funestos cipreses me aturde y desanima; mis pasos vacilantes sobre la floja tierra de los sepulcros parece van a hundir en la huesa mi máquina desfallecida... Parece que miro levantarse de sus reposos los venerables cuerpos de los muertos que aquí yacen y que, moviéndose en derredor de mí, me reprenden la ligereza de haber profanado el lugar destinado a sus cenizas... Un rumor frío discurre por las venas, y la barba no está fija debajo de mis labios... Yo me vuelvo.

Pero ¿qué me sorprende? ¿Qué añade nuevo miedo a mi pavor? ¿Es acaso el canto triste de la melancólica lechuza o el clamor de las campanas, que con su plegaria me traen a la memoria la espantosa pero cierta idea de los espíritus de mis hermanos, que, separados de esta masa corruptible, exigen mis oraciones y momentos para cooperar a la satisfacción de sus defectos?

Si esto es así, lejos de amedrentarme, debe reanimar mi alma, debilitada por las primeras impresiones del horror y la preocupación, para entrar en este santo lugar como al asilo de la paz, como a la casa de mis mejores amigos...

En efecto, yo afirmo mi pie débil, me sostengo, me esfuerzo y me siento junto de este sombrío ciprés a vencer la repugnancia que tengo de estar en este triste lugar, considerando que es ocioso desentenderme de la muerte, ni temerla, cuando ella va dentro de mí y me acompaña a todas partes.

Sí, aquí pasaré la noche y haré sufragios por las ánimas de los que yacen en estas bóvedas lúgubres, acordándome que en las sagradas letras se lee que es santo y saludable orar por los difuntos, para que sean absueltos de sus culpas, y de que Judas Macabeo, penetrado de esta verdad, envió a Jerusalén doce mil dracmas de plata para que se ofreciesen sacrificios por los pecados de los muertos.

Pero ¿qué es esto? ¿Qué ruido escucho hacia mi derecha?... ¡Ah, qué susto! La pared de aquel sepulcro se abre por sí sola, y a merced de los opacos rayos de la luna veo salir de su oscuro centro un cadáver... ¿Si me engañaré? ¿Si será ésta una ilusión de mi triste y desordenada fantasía? ¡Ah, no! Yo estoy en mí perfectamente. El bulto se dirige hacia mí con precipitación. Quisiera huir; pero mis coyunturas están laxas.

El terror y el espanto sobrecogen mi corazón. El bulto se detiene a mi presencia.

Mas ¿qué es esto? Un hombre vivo es el que yo juzgaba cadáver. Ya expiro. Ha sacado tabaco de la bolsa y lo enciende en el pedernal y la yesca. El pobre no me ha visto, ni puede saber si estoy en este sitio. Es regular que al verme de repente se sorprenda, creyéndome difunto, y puede ser se asuste de manera que no baste su vida a resistirlo. Le hablaré... Amigo...

SEPULTURERO.—¿Quién es?... ¡Ah!

TEÓFILO.—Yo, no temas; no soy ningún cadáver. Soy un pobre caminante perdido, que me he entrado aquí para pasar la noche. Acércate.

SEPUTURERO.—¿Pues cómo... quién... por dónde?...

TEÓFILO.—Vaya, depón tu turbación, amigo; reconóceme.

SEPULTURERO.—¿No sois muerto, fantasma o cosa mala?

TEÓFILO.—No, amigo, harto malo soy; mas aún respiro el aire de los vivos. Ya te he dicho del modo que entré aquí. Dime tú ahora quién eres y qué haces a estas horas en este espantoso lugar.

SEPULTURERO.—Señor, yo me llamo Alfonso; soy el sepulturero que cuida este cementerio y vine esta noche a cierta diligencia, que no puedo hacerla por el día.

TEÓFILO.—Cierto, que me asustó tu presencia demasiado.

SEPULTURERO.—Y a mí la vuestra, pues aunque estoy acostumbrado a manosear los muertos, no estoy hecho a que ninguno me hable.

TEÓFILO.—Bien, pero ¿qué tan precisa es la diligencia a que viniste?

SEPULTURERO.—Yo es lo dijera; pero tengo miedo de que mañana lo contéis por el pueblo, en cuyo caso el menor mal que se me seguirá será el perder mi acomodo para siempre.

TEÓFILO.—No temas que yo jamás descubra lo que tú me fíes en secreto, y mucho menos cuando me adviertes que de la infracción del sigilo puede seguírsete algún daño. No permita el cielo que por mi causa se le origine mal a algún hombre.

SEPULTURERO.—Según eso, vos sois hombre de bien y sabéis lo que es un secreto y a cuánto obliga.

TEÓFILO.—Sí lo sé, y en prueba de que lo sé, ya no exijo que me refieras el motivo de tu venida al cementerio. Basta que tú lo sepas, sea cual fuere. No quiero que me reveles tu secreto. Guárdalo en tu pecho, para que así me trates sin la sospecha de que te llegue a descubrir.

SEPULTURERO.—Oh, yo conozco muy bien con eso que decís que jamás descubriréis lo que se os confíe. ¡Grande cosa es saber guardar un secreto! Ahora sí me quiero fiar de vos. Sabed...

TEÓFILO.—Te he dicho que no quiero saber nada, ni me importa el indagar las intenciones que te han traído aquí. Sólo te suplico que, por caridad, si no tienes cosa que lo impida, me hospedes en tu casa por esta noche.

SEPULTURERO.—Lo haré de buena gana; pero os suplico yo también que me ayudéis a lo que vengo a hacer. Ello es cosa fácil, y en un instante acabaremos la obra.

TEÓFILO.—Bien. Ya puedes disponer de mi persona y decirme en qué puedo serte útil.

SEPULTURERO.—Pues habéis de saber, señor, que esta mañana sepulté una muerta que tiene buena ropa. Luego que la vi le eché el ojo, como lo tengo de costumbre;

porque, a la verdad, la necesito, y para desnudarla me vine aquí esta noche; pero apenas había cavado la sepultura, cuando comenzó a llover, como habéis visto. Entonces arrimé aquí junto de vos mi pala y mi azadón, y me metí dentro de aquella bóveda, de donde me visteis salir, para resguardarme del agua; pero por mis pecados me quedé dormido y ya pienso que no tardará en amanecer, y no sólo siento el tiempo que he perdido, sino que ya había sacado alguna tierra, y es regular que haya calado la agua y haya empapado la ropa de la muerta, y si no se saca pronto y se lava, se pudrirá y se perderá todo el trabajo. Por eso os ruego que me ayudéis un rato, y yo os prometo que os llevaré a descansar a mi casa de buena gana. Sólo quiero me alumbréis mientras trabajo. Aquí traigo una vela de cera para el efecto.

Teófilo.—Alfonso, yo estimo la sencilla revelación de tu secreto y te doy las debidas gracias por el hospedaje que me ofreces; pero no quisiera que insistieras en llevar al cabo tu intención.

Sepulturero.—No tengáis miedo: nada nos ha de suceder. Es cosa de un momento.

Teófilo.—No tengo miedo; pero no quisiera que cometieras tal atentado, pues lo es el exhumar un cadáver para desnudarlo. Los cuerpos muertos no pueden hacernos ningún mal, mas exigen nuestro respeto para que no los profanemos, porque ignoramos la suerte que habrá cabido a sus espíritus.

Sepulturero.—Yo no entiendo de eso, ni lo hago por hacer mal a los muertos, sino por socorrer la mucha miseria de mi familia. ¿Pensáis, señor, que si mi estado fuera menos miserable, había yo de ocuparme en un oficio tan sucio y espantoso? ¿Os parece un trabajo muy fácil y llevadero tratar todo el día con cadáveres, lodo, podre, gusanos y hediondez?

Teófilo.—En verdad, conozco que sólo una necesidad muy estrecha puede reducir a ejercitarse en un trabajo tan asqueroso y repugnante; pero ya que te has sujetado a él, debes cumplir en todo con tus obligaciones, absteniéndote de cuanto no te es lícito y contentándote con tu salario, que a fe que no será tan escaso que deje de proporcionar tu subsistencia.

Sepulturero.—A fe que sí es escaso, y muy escaso. Apenas alcanzo para mal comer y por eso me ayudo de este modo. A la hora de ésta mi mujer y dos hijas que tengo están durmiendo en un jergón, y tapadas las tres con un petate, y están tan desnudas que no pueden ponerse delante de las gentes. ¿Qué os parece?

Teófilo.—Tu miseria oprime mi corazón. Quisiera estar en lugar y ocasión de socorrerte.

Sepulturero.—Pues ya veis cómo tengo razón de desnudar a los muertos que me caen trataditos, que en estos tiempos son muy caros. Los más vienen con la mortaja pegada al hueso; antes esta muerta de hoy ha sido una fortuna. Gracias a que es forastera y nadie la conoce por aquí; con esto no hubo quien le comprara mortaja y fue preciso que la enterraran con su ropa, que no está mala; pero si al cabo se la ha de pudrir la tierra, mejor será que sirva a mi familia.

Teófilo.—Tu necesidad extrema y tu sencillez acaso podrán disculpar tu atrevimiento. ¿Conque esa muerta es forastera y nadie la conoce en este pueblo?

Sepulturero.—No, señor, nadie la conoce.

TEÓFILO.—Pues ¿cómo está decente y murió tan pobre que no tuvo para mortaja?

SEPULTURERO.—Porque no murió en su tierra ni en su cama.

TEÓFILO.—¿Pues cómo?

SEPULTURERO.—Unos ladrones la mataron por robarla, aunque no lo pudieron conseguir.

TEÓFILO.—¡Pobrecita! ¿Y dónde?

SEPULTURERO.—En el camino real, en esta misma· madrugada.

TEÓFILO.—¿Es posible?

SEPULTURERO.—Sí, señor.

TEÓFILO.—¿Y sería ya mujer vieja, no es esto?

SEPULTURERO.—Nada menos; era una moza como de veinte años, y buena moza.

TEÓFILO.—¡Qué desgraciada! Ya deseo conocerla.

SEPULTURERO.—Qué ¿os interesa?...

TEÓFILO.—¡Ay, Alfonso! Siento dentro de mí un no sé qué, que me está impeliendo a conocer a esa desventurada joven. ¿Y cuál era su traje?

SEPULTURERO.—Un túnico de indianilla morada, zapatos blancos de seda, un pañuelo bordado y...

TEÓFILO.—Basta, amigo, basta. Esas señas convienen mucho a la mujer que más amo... Anda, ven, escarbemos, date prisa...

SEPULTURERO.—¿Cómo es esto? ¿Tan pronto habéis variado de pensamiento? No ha un credo que me reprendisteis mi determinación de desnudarla, y ahora vos mismo me dais prisa a desenterrarla.

TEÓFILO.—Sí, Alfonso, sí... Estoy ansioso por conocer esa hermosa desgraciada.

SEPULTURERO.—¿Qué os importa?

Teófilo.—Mucho, mucho. Anda, vamos. Encenderé la vela.

Sepulturero.—Yo escucho a este hombre con espanto. El se ha asustado y apenas articula las palabras...

Teófilo.—Ya está aquí la luz. Anda, amigo: vamos, toma el azadón, date prisa.

Sepulturero.—Vuestro empeño me confunde. ¿Sois vos acaso su asesino? ¿La matasteis por celos?...

Teófilo.—¡Ay de mí! Soy su asesino... no sé... porque yo... el corazón no me cabe en el pecho... Dime ¿quién la mató? ¿Cómo se llama? ¿De dónde es?

Sepulturero.—Basta, señor, nada sé yo de cuanto preguntáis.

Teófilo.—¿Se confesó o murió en el instante?

Sepulturero.—No, señor, sobrevivió tres horas y murió muy cristianamente. A todos enterneció su muerte, y al señor cura...

Teófilo.—Cava, cava, date prisa, anda...

Sepulturero.—¿Pero por qué me apresuráis con tanto extremo?

Teófilo.—Porque deseo apurar de una vez toda mi pena, si es lo que yo presumo... Acaso no será; mas tantas señales juntas ¿a quién podrán convenir sino a mi esposa?...

Sepulturero.—Pues qué ¿es vuestra esposa?

Teófilo.—No sé. Cava aprisa, Alfonso, por tu vida.

Sepulturero.—Ella, sí, desde luego era casada. ¡Pobrecita!

Teófilo.—¿De qué lo infieres?

Sepulturero.—De que antes de morir, sólo decía, de cuando en cuando: "¡Ay, esposo! ¡Ay, dulces hijos míos! ¿En dónde estáis?..."

Teófilo.—Calla, Alfonso. Deja, deja el azadón, instrumento fatal de mi martirio. Cubre ese amable cuerpo con la tierra; no profanemos el sagrado del sepulcro. Vámonos.

Sepulturero.—¿Ya no escarbo?

Teófilo.—Sí, anda... date prisa, muera yo de una vez abrazado del cadáver de esa mujer amable.

Sepulturero.—Estáis trémulo y descolorido. Las lágrimas os corren hilo a hilo. ¿Qué he de hacer?

Teófilo.—Vámonos.

Sepulturero.—Vámonos; pero ya está el cadáver descubierto. Dadme vuestro pañuelo, le limpiaré la cara... ¡Ah! pero no, vámonos, habéis dicho.

Teófilo.—No, amigo: toma, toma el pañuelo. Saca el cadáver.

Sepulturero.—¿Qué pretendéis hacer?

Teófilo.—Sólo verlo. ¡Oh, si fuera tanta mi ventura que no fuera de mi querida Dorotea!

Sepulturero.—Ya tengo la muerta en mis brazos...

Teófilo.—¡Qué miro! ¡Ay, triste!... Ella es... ¡Válgame el cielo!...

Era sensible Teófilo, y no pudiendo resistir cayó al suelo rendido a tan funesto golpe.

El sencillo Alfonso no se preocupó; antes con la mayor violencia volvió a sepultar el cadáver y cargó con el triste Teófilo, al que condujo a su casa poco antes que amaneciera.

Pero cuando creyó hallar a su pobre e inocente familia sepultada en el sueño más tranquilo, encontró a su mujer e hijas muy afanadas en hacer chocolate para unos señores que se habían hospedado en su casa la noche anterior y estaban ya para continuar su caminata para México.

Alfonso, apenas se informó de esta ocurrencia, cuando sin perder momento corrió a echar sobre su pobre jergón al miserable enfermo, que aún no volvía de su desmayo.

Entonces el sepulturero y su mujer trataban de volver en sí al desgraciado Teófilo, mientras las hijas se ocupaban en dar el desayuno a los pasajeros.

Alfonso se afligía demasiado porque los auxilios que ministraba al desmayado eran muy mezquinos e inútiles para restituirlo a sus sentidos. Las buenas hijas del sepulturero, que habían notado el caritativo e infructuoso empeño de sus padres, lo participaron a una señora que viajaba, la cual, penetrada de la natural compasión que inspiran estas desgracias a las almas sensibles, apenas se impuso del motivo de la aflicción de sus hospedadores, cuando sacó de su bolsillo un pomito con espíritu de cuerno de ciervo y salió con él apresurada para socorrer al aventurero enfermo.

Pero ¿cuál fue la sorpresa del sepulturero y su familia luego que vieron que apenas llegó la señorita a la cama y reconoció al enfermo, cuando prorrumpiendo en un lastimero ¡ay! se arrojó sobre él y quedó sin vida al parecer?

A su grito, salió precipitadamente de la pieza inmediata un anciano eclesiástico, que manifestaba estar enfermo, según la dificultad con que andaba, aun apoyado en los brazos de un criado que lo conducía.

Este padre clérigo, luego que vio aquel triste espectáculo, mostró su sentimiento con las lágrimas en los ojos; pero en medio de su consternación acudió a socorrer a los pacientes, haciéndoles inspirar los espíritus, con cuyo auxilio volvió en sí la señora y, a pocos minutos, el desmayado Teófilo, quien luego que se vio en los brazos de aquella dama quiso huir. Mas ella no lo consintió, pues abalanzándose a su cuello y empapándole la cara con sus lágrimas le decía: "¿Es posible, querido Teófilo, que apenas logro la inesperada dicha de encontrarte, cuando quieres desasirte de mis brazos? ¿Qué es esto? ¿No me conoces? Tu esposa soy, tu fiel y amante Dorotea, la que por buscarte abandonó su quietud, su casa y sus hijos..."

Aquí Teófilo la interrumpió extrechándola con su pecho y diciéndola: "Discúlpame, querida Dorotea; ya te conozco, sé quién eres y quién has sido para conmigo. Tú eres la mitad de mi alma; pero yo vi exhumar una semejanza tuya muy poco hace, te juzgué difunta con la mayor evidencia, y este temor me dictaba huir de tus brazos. Mas ahora que te toco y te tengo en los míos, me doy los plácemes por mi equivocación y por haber tenido la ventura de encontrarte, cuando había perdido del todo hasta las más remotas esperanzas. Pero dime ¿cómo es esto? ¿Con quién vienes? ¿A dónde vas, y por qué razón te hallo en esta casilla miserable?"

A esto satisfizo Dorotea diciendo cómo aquel buen eclesiástico la había hospedado en su hacienda el día anterior y, advirtiendo que apenas comía y que no cesaba de humedecer con sus lágrimas el escaso alimento que tomaba, la instó mucho le contara el motivo de su viaje desprevenido y de su continua tristeza, ofreciendo remediarla en cuanto pudiera; que ella le refirió en breve sus desventuras y él, con el mayor interés, comenzó a informarse de quién era, cómo se llamaba, cuál era su patria, quiénes sus padres, y de otras mil menudencias, por todas las cuales vino en conocimiento de que Dorotea era su sobrina, y entonces, levantándose de la mesa, la abrazó con la mayor ternura y le ofreció su protección; y que debiendo partir en la tarde del día mismo para la capital, a donde pensaba restablecer su salud, despachó varios correos exploradores por los caminos, con la filiación de Teófilo, para que lo conocieran y condujeran a México, y ellos inmediatamente salieron y, habiéndoles anochecido cerca de aquel pueblo, descansaron en él en la primera casucha, que era del sepulturero Alfonso, quien le había completado su ventura llevándole a su querido Teófilo.

Aquí calló Dorotea, y tomando el eclesiástico la palabra, dijo: "Es verdad, hija mía, que tu mayor ventura ha sido el hallar a tu esposo cuando menos lo esperabas; pero yo, prendado de vuestro cristiano proceder, estimulado de la caridad y el parentesco, y ya a las orillas del sepulcro, quiero añadir algo que falta a vuestra felicidad temporal, haciéndoos, como os hago desde ahora, únicos herederos de todos mis bienes, contentándome sólo con vivir en vuestra compañía los pocos días que tengo de existir en este mundo."

Un rasgo tan notable de generosidad no pudo menos que arrancar muchas lágrimas de gratitud a Teófilo y su esposa, quienes la quisieron manifestar arrojándose a los pies de su virtuoso bienhechor; pero éste no lo permitió, antes, levantándolos a sus brazos, les dijo: "Cuando la razón natural no nos dictara lo justo, que es hacer bien a nuestros semejantes; cuando la caridad con Dios y con el prójimo no fuera el mayor de los preceptos y tan recomendado por Jesucristo, como que en él consiste todo el cumplimiento de la ley, y, por último, cuando el mismo Señor no nos hubiera prometido tantas veces tener misericordia con los misericordiosos y retribuirnos con el ciento por uno el favor que hagamos a los infelices, bastaría, por suficiente premio y recompensa de una acción benéfica, la dulce satisfacción que queda en el corazón del hombre sensible en el instante que favorece y socorre a un desgraciado. Satisfacción tierna que no conoce sino el que la experimenta por sí mismo, y placer dulce que no goza el avaro miserable que vincula toda su felicidad en el dinero. ¡Bello metal cuando se emplea en socorrer al desgraciado! Pero maldito cuando se destina a fomentar el lujo y las pasiones.

"No por esto quiero decir que sólo los ricos pueden ser benéficos. Es menester distinguir que una cosa es ser benéfico y otra es hacer obras grandes y repetidas de beneficencia. Para hacer éstas, es menester dinero; para ser benéfico basta tener un corazón sensible y generoso, el que cabe muy bien y cada rato se halla en los pobres. No todo el que hace una acción de beneficencia es benéfico, así como no todo el que hace una obra de virtud es virtuoso. Por el contrario: todo el que desea hacer bien y se compadece del mal de sus semejantes, es benéfico, aunque no pueda realizar sus intenciones. El socorro, por corto que sea, y el buen deseo de hacer bien, es grato a Dios y bien recibido entre los hombres.

"Fuera de que hay acciones de beneficiencia que se pueden hacer sin dinero. Tales son los buenos consejos, los consejos espirituales y temporales, la remisión de las injurias y, últimamente, toda obra buena hecha en favor de nuestros semejantes, aunque sea dar un vaso de agua o quitar del paso una cáscara de fruta, porque otro no se tropiece y caiga.

"Pero ¿qué tengo que afanarme, queridos sobrinos, para explicaros estas verdades, cuando os acaba de dar un testimonio de ellas el triste Alfonso y su miserable familia? El es un desdichado, un pobre, un humilde sepulturero; y, sin embargo, tiene un corazón benéfico. ¿Lo habéis visto, Teófilo? El os trajo sobre sus hombros desde el cementerio, os dio reposo en su pobre cama, dedicó a vuestro alivio a su familia y ejercitó con vos todos los oficios de la más caritativa hospitalidad. Todo esto lo hizo sin dinero, y así cumplió con los deberes de hombre y de cristiano, y manifestó tener un corazón sensible y bondadoso, sin haber gastado un real, porque no lo tiene. La acción que él ha hecho, acaso es más generosa que la mía.

"Yo, es cierto que con la voluntaria cesión de mis bienes, os arranco de las garras de la pobreza; pero esto en mi edad y en mi situación, acaso es un hecho de obligación y de prudencia. De obligación, porque sois mis deudos y, como tales, os debo socorrer con preferencia, y Alfonso obró sin esta obligación sino sólo por efecto de una compasión.

"Es también efecto de prudencia, porque yo ya estoy viejo y enfermo, y me es de un gran consuelo desprenderme en la vida de aquellos bienes que me ha de quitar la muerte. Y ¿qué mayor gusto puedo tener que ver felicitada una familia virtuosa por mi mano, y distribuidos mis bienes tan dignamente, sin necesidad de valerme de albaceas codiciosos y ladrones, que no cumplieran mi voluntad y se engrosaran contra mis buenos deseos, con daño de sus almas e irresarcible perjuicio de aquellos a quienes yo quisiera beneficiar en mi muerte?

"No digo esto por vanidad, sino para enseñaros que las mejores caridades o actos benéficos son los que se hacen en vida y a sangre fría; porque a la verdad, yo desconfío mucho de aquellas limosnas que se hacen con el Santo Cristo en la mano y el camilo a la cabecera. No tengo escrúpulo en pensar que estas limosnas (para rebajar la generalidad) las más de ellas son a fuerza, a más no poder, y porque no pueden llevarse su dinero.

''Ello es cosa que debe escandalizar entre cristianos, que ricos sobrados de pesos, sin familias ni herederos forzosos, no den un real en su vida, y a la hora de su muerte se manifiesten tan francos y generosos que repartan sus caudales entre doncellas y viudas.[1]

''Yo no entiendo cómo el que ha sido un mezquino eterno, mientras vive, de repente se vuelva tan liberal en el instante de su muerte. Para desatar este enigma, no tengo más arbitrio que persuadirme a que tales limosnas son violentas, a más no poder, instigadas por los confesores y como unos recursos tontos con que piensan comprar de Dios, en la muerte, la misericordia que no supieron usar con los pobres en la vida.

''Quizá no será así; pero mi razón, los principios sólidos que tengo de la religión que profeso, y la experiencia no me persuaden otra cosa. He conocido muchos ricos avaros y miserables en vida, y franquísimos en su muerte; y he visto algunos testamentos otorgados en favor de los pobres, y habiendo sus otorgantes escapado de aquella enfermedad, los han revocado y les han dado a sus bienes muy

---

[1] Siempre me ha chocado ver muchas limosnas distribuidas entre viudas y doncellas, y muy pocas, muy raras o ningunas, para socorro de hombres pobres ni mujeres casadas. ¿Qué se pensará, que no hay hombres ni mujeres casadas infelices, que no tienen con qué mantener a sus hijos, y que se hallan en peor disposición que muchas doncellas y viudas? ¡Ay, todos son acreedores a la pública piedad!

distinto destino, sin acordarse de los pobres para nada.

"Todo esto prueba que aquella donación primaria no nació de voluntad, sino de miedo.

"Y qué diremos de aquéllos que ni en su muerte son liberales con los pobres, sino que codiciosos adoradores de sus bienes y egoístas hasta el último instante, sólo piensan en sí mismos y se declaran herederos de su muerte, mandando que todo su caudal se emplee en el bien de sus almas. ¡Santo Dios, tú solo sabes cuál es la intención y el fruto de semejantes últimas disposiciones! Pero mientras un ángel no me revele lo contrario, yo siempre creeré que tales disposiciones son nacidas de un corazón avaro y decidido hasta la última hora a su provecho, y creeré también que las limosnas y actos benéficos que se consagran por Dios a los pobres, en la vida, son mucho más aceptos a su majestad que los que se verifican en la muerte.

"Ultimamente, hijos míos, yo deseo que mi discurso os sea útil, así como os ha sido prolijo. Yo deseo que seais benéficos en cualquiera suerte. Dueños sois de cuanto tengo. Dorotea, tú tienes las llaves de mis cofres; dispón a tu arbitrio y socorre con caridad y prudencia a los que han socorrido a tu marido."

Dorotea, penetrada del discurso que acababa de oír, abrió los baúles y dio cien pesos a Alfonso, quien lleno de ternura le dio infinitas gracias.

Hasta entonces había callado Teófilo; pero al subir al coche, abrazó con estrechez a Alfonso y le dijo:

—Amigo mío, jamás olvidaré el favor que te he debido. Acuérdate siempre de que tras la desgracia viene la dicha. No hagas mal a nadie; haz siempre el bien que puedas y vive seguro en que la altísima y sabia Providencia vela sobre ti y todo lo dispone a tu bien.

DIA ALEGRE

Y DIGNAMENTE APROVECHADO

El cura, Teófilo y Dorotea

Venit post multos una serena dies.
Tibulo *Lib. III, Elegía* 6.

Cura.—¡Qué bellos amanecen los días para los que reposan en la tranquilidad de sus conciencias! Después de las amargas noches que habéis pasado ¿no os parece, queridos, este día brillante, nuevo y del todo apacible a vuestros ojos? ¿No os embelesa ya venida de la aurora? Ved cómo se pintan los horizontes con su rojo iluminado y cómo toda la naturaleza se alegra al esperar al padre de las luces. Disipadas las tinieblas de la noche, el campo se viste del más hermoso verde y todos los colores vuelan para matizar el alhelí, la anémona, el clavel, la rosa y el jazmín. Los árboles robustos, las tiernas plantas y las pintadas flores extienden sus ramas y abren sus más ocultos cálices para absorber el rocío sutil que se desgaja de la atmósfera. El suave canario, el jilguero dulce, el melodioso cenzontle, la calandria alegre y el ejército volante de las aves se levantan de sus calientes nidos, sacuden sus vistosos ropajes y entonnan con dulcísimos trinos mil himnos de gloria y alabanza al Autor de la Naturaleza. El activo labrador unce los bueyes y parte a las sementeras a ganar el pan con el sudor de su rostro; pero un pan

bendito y que le produce la madre tierra, en premio de
los afanes con que la cultiva; por eso él va tan alegre
y engolosinado con esta inocente esperanza alivia su
trabajo cantando rústicas tonadillas.

Pero ya sale el astro luminoso... Ved, hijos míos,
con cuánta majestad asciende el sol sobre las cimas de
aquellas montañas elevadas. El parece ahora un inmenso globo de fuego destructor; pero a pocos minutos esconde sus lumbres dentro de sus mismos resplandores,
que corren a dorar los montes más lejanos, a fecundizar
el interior de la tierra, a subir los jugos nutricios por
los tubos capilares de las plantas, a sazonar las frutas
en agraz, a vivificar al hombre y al bruto, y a derramar
la alegría por toda la mitad de nuestro mundo.

Luego que el augusto monarca de la luz, en su
carro de fuego, se comienza a pasear por las esferas celestiales, la naturaleza renace por instantes en sí misma;
todos los seres criados se alegran, se ríen a su presencia; sólo la lechuza sombría y el hombre delincuente
esconden sus tímidas cabezas. Aquélla teme que hieran
sus hundidas pupilas los rayos resplandecientes de sol,
y éste que descubran sus escondidos crímenes.

El necio y el impío se levantan de entre los horrores de la noche y disfrutan los placeres del día, con la
más absurda y sacrílega indiferencia. El necio ve el
hermoso cuadro de la naturaleza, iluminado con los bellos colores de la luz, recibe las influencias del sol,
respira la fragancia de las flores, gusta los frutos de
la tierra y se inunda en las delicias del día; pero ¡miserable! nada le admira ni sorprende, porque no percibe ni el aparato, ni el mecanismo admirable, que brilla
en todas las obras del Criador. El ve con los ojos,

oye con los oídos y goza con los sentidos materiales los beneficios de la naturaleza, en compañía del sabio, así como el torpe jumento, que bebe agua en el mismo arroyo que el caballo ligero y generoso. El ve salir el sol y no le admira, ni agradece que el Criador haga saltar sobre los cielos esa lucida antorcha, para disipar los horrores de la espantosa noche. Goza el beneficio de su luz, como si se le debiera de justicia y como si pagara un criado que le alumbrara con una hacha.

El impío, por más filósofo que sea y por más que atrevido se detenga a investigar cómo se hace el nutrimento de las plantas, cómo refractan los rayos de la luz para colorar las rosas de este o del otro modo, cómo camina el sol tantas millas por hora y cómo obra la naturaleza, a quien quiere, o presume analizar soberbio y orgulloso ¿qué hace sino arrastrarse sobre el polvo con la mayor ingratitud? Pues embebido en la contemplación de las criaturas se anega en los deleites que éstas le proporcionan, sin dedicar siquiera cada día un acto de sumisión y de reconocimiento a su Criador.

No así el verdadero sabio, ni el hombre timorato y religioso. Estos se levantan a la venida del día, admiran la belleza del sol, registran embelesados los primores de la naturaleza y gozan en deliciosa paz sus beneficios; pero como al mismo tiempo no la reconocen una deidad independiente, sino una ministra del Supremo Ser que por su conducto los dispensa, se llenan de gratitud sus corazones, y prosternándose ante el solio de la majestad, cosiendo la cara con la tierra, elevan su espíritu al Criador y hacen que vuelen a la dorada peana de su trono mil y mil himnos de sumisión, de agradecimiento y respeto.

¿Para quién, Señor, para quién criaste, dicen, este globo de fuego, que pende sobre nuestras cabezas y cuyas benéficas influencias vivifican los seres animados, hacen germinar las plantas, pintan sus flores y sazonan sus frutos? ¿Para quién liquidaste los diáfanos cristales, que se despeñan ruidosamente de las cascadas o corren suaves por ríos caudalosos? ¿Para quién embalsamas la atmósfera con tantos aromas delicados? ¿Para quién endulzas las frutas con diversos y saludables sabores? ¿Y para quién, en fin, derramas tantos beneficios sobre la tierra sino para el hombre, en quien has puesto tus delicias? ¡Ah, Dios grande, Dios liberal, Dios bueno! ¿Quién es el hombre? ¿Quiénes somos para que nos colmes de beneficios y para que así nos cuides y engrandezcas? ¿Somos, acaso, más que un poco de polvo, animado con tu soplo divino? ¿En el conocimiento de tus perfecciones infinitas, en la soberana posesión de tu divina esencia, no consiste tu majestad y gloria? Antes de que hubiera siglos ¿necesitaste del hombre ni de ninguna criatura, átomos desprendidos de tu poder inmenso? No: el infinito estaba lleno de tu gloria, porque estaba lleno de Ti mismo. Tú eres mi Dios, confesaba el real profeta, Tú eres mi Dios, porque no necesitas de mis bienes; en tu misma independencia consiste todo el poder de tu grandeza, porque todo depende del Criador y no necesita de sus criaturas. Tú sacaste los seres de la nada, sólo porque participaran de tus bondades, y porque el ser comunicable a ellos es efecto necesario de tu esencia. Tú enciendes el firmamento, vistes la tierra de verdor y alegría, y llenas toda la naturaleza de virtud, para utilidad y recreo del hombre, que es tu criatura predilecta.

Pues si tantos beneficios debemos sólo a tu bondad y liberalidad infinita ¿quién será el ingrato que no los reconozca y agradezca? Aniquílese, sí, perezca la memoria de tal monstruo; desplómense sobre su cabeza esas bóvedas azules, y la tierra, abierta debajo sus pies, prepárele en el abismo un sepulcro eterno y espantoso; mientras los ángeles en los cielos, las aves en los aires, los hombres en la tierra y toda la naturaleza se multiplica en lenguas para entonar salmos de alabanza.

¿No os parece, queridos hijos míos, que de este modo se explicarán el sabio y el católico verdadero?

TEÓFILO.—Sin duda que de semejante modo se expresarán con Dios todos los que contemplen admirados sus maravillas, que resplandecen en las obras de sus manos, y cuantos llenos de gratitud reconozcan que no merece el hombre los beneficios que con tanta liberalidad derrama sobre él sin cesar el Ser Supremo.

Apenas se puede creer que haya impíos que se bañen con estos beneficios sin dar gracias a su Criador por ellos, sino que los reciban como si se les debiera de justicia.

CURA.—Es verdad; pero fuera menos creíble, a no verse, que haya vomitado el infierno sobre la haz de la tierra una clase de hombres tan necios, impíos e ingratos, que por no adorar la mano bienhechora de una deidad suprema, le niegan la existencia, atribuyendo a un acaso imaginario la creación y el orden admirable de la naturaleza. Tales son los ateístas.

TEÓFILO.—Para éstos, señor cura, me parece que se debían aumentar, en donde los haya, hospitales de dementes, porque si no mienten como lo creo, si no fingen creer que no hay un Ser Supremo dentro y

fuera de la naturaleza, por acallar los terribles gritos
de sus conciencias que ante ellos mismos los acusan y
los espantan con la formidable idea de una eternidad
de penas que les prepara su desenfrenado libertinaje, y
si efectivamente con el entendimiento abrazan lo que
aseguran con la boca, a la verdad que no hay locos
más ridículos ni más dignos de compasión.

Ningún efecto se puede concebir sin causa, ningún
movimiento sin impulso, ninguna criatura sin Criador.
Sólo el ateísta descansa en estas imposibles paradojas.

CURA.—Así es, hijo mío. Estos infelices se deben acusar
ante la misma naturaleza, y cualquier gusanillo que se
arrastra es un sapientísimo doctor bastante para conven-
cerlos de su locura.

Pero aún hay otros peores que éstos y que agravian
más al Dios de las bondades...

TEÓFILO.—¿Peores que los que le niegan la existencia?

CURA.—Sí, peores. ¿Sabes quiénes? Los cristianos irreligiosos .Aquellos que sin ser ateístas, ni profesar ninguna secta extranjera de la Iglesia católica, las profesan
todas, menos la religión de Jesucristo, de que se llaman
miembros.

Estos son unos católicos exteriores, unos creyentes
de teatro y, en realidad, unos materialistas infelices,
cuyos errores tal vez ellos mismos no conocen. Yo no
afligiré los piadosos oídos de mi Dorotea con su pintura. Tú bien sabes que hay esta clase de cristianos
que te digo y que me parece que Dios tolera, o para
ejercicio de los buenos o para que resplandezcan sus
misericordias en el último día de los siglos.

Vuelvo a decirte, querida Dorotea, que no haré
una pintura exacta de estos entes desgraciados por no

mortificar tu corazón; pero te enseñaré a distinguir al mal cristiano del relajado e irreligioso. El primero es un pecador, pero un pecador miserable. El delinque por satisfacer sus pasiones, no por ultrajar a su Criador, a quien teme y respeta en el fondo de su corazón y en medio de su mismo desenfreno. El temblor lo asusta, el estallido del rayo lo sofoca, la noticia de la muerte repentina lo entristece, la presencia del adorable Sacramento del altar lo humilla, el templo augusto lo enternece, la protección de los santos lo anima y, en dos palabras, su corazón está en un equilibrio entre Dios y el mundo, aunque más inclinado a éste que a Dios... ¡Terrible estado! Si la muerte lo asalta en él, sin darle una verdadera reconciliación, es de fe que perderá su alma para siempre; pero es un estado muy ventajoso, en comparación al en que se halla el cristiano impío e irreligioso. A éste nada le falta para hereje, si no es la abjuración material del dogma o de los misterios de la Iglesia. El vive con el mayor libertinaje, sin remordimiento, sin inquietud de su conciencia; se entrega a cuantos vicios quiere, con harta paz de su corazón; pero ¿qué paz? Pésima, como la de todos estos pecadores. Ni el movimiento de la tierra, ni los truenos del cielo lo intimidan. A su lado caen montes de cadáveres; todos los días pisa las orillas de su sepulcro; de un riesgo sale y se presenta en otro, como si nada tuviese que esperar; las espantosas ideas de Dios, muerte, eternidad y pena, las desecha como aprensiones tétricas e importunas. Cree en un Dios justiciero, pero juzga que no le alcanzará su justicia; asiste a los templos, mira los santos, se santigua y dobla una rodilla al Sacramento, por cumplir con el ceremonial de los fieles; pero sin sentir en su espíritu el más ligero movimiento de temor y respeto a la religión que tan descaradamente vulnera; últimamente, en el fondo de su corazón se explican estos impíos en el idioma que nos dice el Señor, y es éste: "Nuestra vida no es más que un fuego; nuestra existencia, corta y sujeta a las molestias, sin que haya reposo ni felicidad más allá re su término; ningún muerto ha venido al mundo a traernos pruebas de la inmortalidad. De la nada salimos y a ella volveremos como si no hubiéramos sido; nuestro cuerpo se convertirá en ceniza y nuestro espíritu se disipará en los aires; nuestra vida pasará como una nube y se disolverá como el vapor con los rayos del sol; nuestro nombre se borrará de la memoria de los hombres y éstos no se volverán a acordar de nuestras obras. Gocemos de cuantos placeres podamos; no se pase la flor de nuestra edad; entreguémonos a las delicias y sea nuestra bebida el vino generoso; coronémonos de flores antes que se marchiten; no haya prado por donde no se pasée nuestra lujuria; dejemos donde quiera las señales de nuestra alegría... No guardemos los días de fiesta consagrados al Señor, oprimamos al pobre, no perdonemos a la viuda, ni respetemos los blancos cabellos de nuestros viejos; sea nuestra fuerza la regla de nuestra justicia; extermínese al justo, porque nos es inútil y opuesto a nuestras obras..." De esta manera pensaron y erraron los impíos, porque los ha cegado su malicia, dice Dios.

DOROTEA.—¡Qué triste es la condición de estos infelices! Ay, Dios nos libre de proferir semejantes blasfemias.

CURA.—Así es, hija. Deplorable es el estado de estos impíos; pero si aquí viven tan alegres y olvidados de

las verdades eternas, algún día conocerán sus extravíos
y confesarán que se apartaron del camino de la recti-
tud. Mas ¿qué día será ése? El día grande, el de
las venganzas, y cuando ya no habrá remedio para
reparar el daño que voluntariamente se acarrearon.

Entretenidos aquellos señores con estas conversaciones,
llegaron al pueblo de San Agustín de las Cuevas y para-
ron en una hermosa casa de campo, propia del cura.

Luego que se apearon del coche, se entró éste con su
sobrina Dorotea, dejando a Teófilo el cuidado de que des-
cargasen las mulas y metiesen adentro los baúles y demás
del equipaje.

Ya Dorotea había dicho a su tío cómo en ese pueblo
había dejado a sus hijos, encomendados a una pobre señora que la acompañó y, no pudiendo seguirla, se quedó con
los niños en casa de unas parientas suyas. Esta noticia no
había tenido lugar de darla a su marido; el cura, apro-
vechando este accidente, le dijo que siguiera reservándose-
la, porque quería que Teófilo recibiera de sorpresa el gusto
de ver a sus hijos.

En efecto, luego que las cargas estuvieron adentro y
las camas puestas, mandó el cura llevar café, chocolate
y huevos, y después que hubieron almorzado, hizo que se
acostara Teófilo, porque lo consideraba en necesidad de
reponerse de las pasadas malas noches.

El condescendió y, como era de esperar, se quedó profundamente dormido. Entre tanto, mandó el cura a Dorotea que fuese con una criada y llevara a sus hijos a su
casa, juntamente con la buena señora que la había acompañado y se había encargado de cuidarlos en su ausencia.

Todo se verificó a voluntad del piadoso eclesiástico.

Luego que vio a los niños, los abrazó, los besó tiernamente y, cuando conoció que ya era hora de comer, hizo poner la mesa y envió a Dorotea a que fuera a despertar a Teófilo con sus hijos.

Así lo hizo ésta, entró a la recámara donde dormía su esposo y, luego que los niños conocieron a su padre, corrieron a la cama y, subiéndose sobre él, entre abrazos y lágrimas lo despertaron.

Teófilo, que estaba muy distante de tener este gusto tan cercano, se levantó despavorido y, cuando se aseguró de que no soñaba, se deshacía en caricias con sus hijos, llenándolos de besos y mezclando lágrimas de placer con las de aquellos tiernos inocentes, que ya se colgaban de su cuello o ya se abalanzaban a su madre.

El cura había sido testigo de esta escena, detrás de una cortina, y queriendo participar más de cerca las delicias que inundaban el sensible corazón de Teófilo, entró adentro y, apenas éste lo vio, cuando tomando a los dos chiquillos de los brazos, corre hacia su benefactor, les hace arrodillar a sus pies y, derramando lágrimas de gratitud, les dice:

TEÓFILO.—Ved aquí a vuestro padre, queridos hijos míos... Abrazadlo... Besad esa mano dienhechora, que a todos nos ha sacado del sepulcro... Dadle con vuestras lenguas balbucientes las más sencillas y expresivas gracias por la multitud de beneficios que nos ha hecho. Este es el hombre grande, el genio divino que os preparó la alta Providencia para que no quedaseis sumergidos en la más triste orfandad, y a mí y a vuestra madre...

CURA.—Basta, Teófilo, de ternuras y expresiones. Estos

niños no los permitiré a mis pies, cuando tienen tanto derecho a mi corazón. Son mis sobrinos, y aun cuando no lo fueran, tienen la recomendación de sus trabajos y ésta basta para que yo los ame tiernamente. Venid, hijitos, venid; abrazadme, sí, yo también soy vuestro padre y os quiero mucho. ¡Oh, y qué carneritos tan gordos y tan mansos os he de comprar en México, para que os divirtáis en la Alameda!

—¿De veras, papá? —decían los niños.

—Sí, hijos, de veras; y por ahora vamos a comer.

Salieron a la sala o comedor, y Teófilo, conociendo a la buena amiga de su esposa, la saludó y le dio los debidos agradecimientos con el extremo que el caso requería.

Sentáronse todos a la mesa y el cura en medio de los dos niños, a quienes se dedicó a cuidar con el mayor chiqueo. La dulzura de sus palabras, la generosidad de sus acciones y el esmero con que agasajaba a los niños hacían cada rato saltar las lágrimas a los ojos de Teófilo y su esposa.

Luego que acabaron de comer dieron gracias a Dios, levantaron los manteles y se fueron todos a pasar la siesta a la huerta. Teófilo se sentó bajo un fresno y se entretuvo con un libro de los pocos que llevaba su tío en el coche; los niños comenzaron a retozar alegremente. Y la señora se fue con ellos a cuidarlos. Dorotea se quedó sola con el cura, cuya ocasión previno, y cuando le pareció mejor, le dijo:

—Señor, yo estoy absorta y no sé cómo darle a usted gracias, no tanto por los favores que tan pródigamente nos ha dispensado, cuanto por el modo y cariño con que nos los hace. Ciertamente que yo he visto muy mal practicada la caridad por muchos, que aun cuando dan algo por Dios, es tan malo, de tan mala gana, con tal modo y tales circunstancias y requisitos, que más parece que venden el favor, que no que socorren una necesidad.

"Esto es muy común en México, quizá no será así en todas partes. Desde los que tienen menos, hasta muchos de los ricos, que suelen hacer algunas caridades, tengo bien experimentado lo que le digo a usted."

Cura.—¿Pues qué has visto?

Dorotea.—¿Cómo qué? He visto que el pan duro, los frijoles acedos y lo que no quiere comer el perro, se lo dan en muchas partes a los pobres y quedan muy satisfechos de que los han socorrido, cuando tal vez han sido causa de que los infelices se enfermen.

En otras partes tienen la santa devoción de enviar al hospital de San Lázaro la ropa y colchón del que murió de tisis, de gálico o de otra enfermedad maligna y contagiosa, y dicen que les envían aquella pestilencia a los miserables enfermos, *de caridad*. ¡Desgraciados! Harto tienen que sufrir y padecer con sus malos humores ¿aún es fuerza envenenarles más la sangre *por caridad?*

Semejantes limosnas me parecen perdidas ante Dios. ¿Cómo ha de apreciar este Señor que se les dé a sus pobres, que se dé a su Majestad misma, en la persona de aquéllos, lo que no sirve, lo que nos es gravoso y lo que no debe tener otro destino que el muladar o el fuego? ¿Qué dice usted, tío, me engaño?

Cura.—Seguramente no, hija mía; el precepto de la caridad nos obliga a amar a Dios sobre todo, y a los hombres como a nosotros mismos. Esto es de fe, no tiene duda ni admite interpretación.

Pues bien ¿cómo probaremos que amamos a los pobres como a nosotros mismos, cuando pretendemos socorrerlos con lo que nos es inútil y aun perjudicial en nuestras casas? Malditas son tales caridades, y hechas con advertencia, yo las tendría por unos descarados sacrilegios, pues es insultar a Dios dar a los pobres, a su nombre, lo que es preciso tirar por la ventana. Esta no es limosna, ni puede llamarse caridad, sino mezquinidad, ruindad, hipocresía. Esto es querer engañar a Dios y comprar sus misericordias con basura.

Si no estamos obligados a dar a los pobres lo mejor, lo estamos a no darles lo peor y, mucho menos, lo que puede serles perjudicial siempre que lo hagamos con esta prevención.

Pero si el hacer limosnas de este modo no puede ser a Dios grato ¿qué será no hacer ningunas, pudiendo? Yo no te señalaré la gravedad de esta dureza, ni los castigos que se labran estos crueles. Ya habrás oído la historia [1] del rico Epulón...

DOROTEA.—No, tío, no la he oído y quisiera que usted me la dijese.

CURA.—Pues atiende. Contaba Jesucristo a sus discípulos que hubo cierto hombre rico, que vestía con mucho lujo y comía con igual profusión. Había en el mismo lugar un mendigo, Lázaro, el cual, lleno de llagas, estaba a la puerta del rico pidiendo que le diese de las

---

[1] La mayor parte de los Santos Padres y expositores la llaman historia y no parábola; otros quieren que sea en parte historia y en parte parábola. Lo cierto es que hubo el tal rico avariento condenado y el tal Lázaro, que veneramos en los altares.

migajas que caían de su mesa; pero ninguno le daba
nada; los perros solamente se acercaban a él y lamían
sus llagas. Sucedió que murió este mendigo y fue llevado al seno de Abraham; murió a poco el rico y fue
sepultado en los infiernos y, levantando sus ojos en
medio de los tormentos, vio de lejos a Abraham y a
Lázaro, y comenzó a clamar a grandes gritos, diciendo:
—"Padre Abraham, compadécete de mí y envíame a
Lázaro para que moje en el agua la punta de su dedo
y me destile una gota en mi lengua, porque soy cruel-
mente atormentado en esta llama." —Hijo, dijo él
patriarca: acuérdate que en tu vida tuviste bienes y
Lázaro padeció males; ahora éste es consolado y tú
atormentado; y has de saber que en todas estas cosas
hay establecida una confusión grande entre nosotros y
vosotros, de suerte que aquellos que quieran pasar de
nosotros a vosotros no puedan; ni tampoco de vosotros
a nosotros." —"Entonces, le dijo el rico, ya que esto
no puede ser, te ruego, oh padre Abraham, que siquiera envíes a Lázaro allá a la casa de mi padre, donde
tengo cinco hermanos, para que les diga a éstos, como
testigo de vista, que no vengan a parar a este lugar
de tormentos." Abraham le respondió: —"Tienen a
Moisés y a los profetas; que oigan a éstos." Mas él
le dijo: —"No, padre Abraham, si alguno de los
muertos fuere a ellos, harán penitencia." Y entonces
Abraham le respondió: —"Si no oyen a Moisés y a
los profetas, tampoco creerán a ninguno de los muertos
que resucitase y fuese allá."

DOROTEA.—En verdad, tío, que es terrible este pasaje. Yo
soy una pobre mujer ignorante y carezco de las luces
necesarias para hacer sobre él las reflexiones oportunas;

pero no dejo de hacer una y es que el corazón de un rico cruel es tan obstinado para convertirse, que se burlaría de las mismas represiones de los muertos, si a éstos les fuera permitido salir a predicarles. No oyen a Jesucristo, ni a sus ministros, tampoco creerían a los difuntos. ¡Válgame Dios y cuánto debe de cegarlos la avaricia!

CURA.—Está bien hecha la reflexión; pero por eso debemos aficionarnos a la limosna, virtud opuesta al vicio de que acabas de hablar, acordándonos siempre de lo recomendada que es por el Señor. "Está dispuesto, nos dice, a aliviar la miseria del pobre, porque el tener piedad de él, es prestar a Dios, el cual nos lo vuelve con usura." [1]

En otras partes dice: "Dichosos los misericordiosos porque éstos alcanzarán misericordia.[2] La misericordia quiero y no el sacrificio.[3] Dichoso el que entiende sobre el menesteroso y el pobre, porque a éste, en el tremendo día del juicio, lo librará el Señor, el cual lo conservará y vivificará; lo hará feliz en la tierra y no lo entregará a la venganza y furor de sus enemigos; postrado en su enfermedad en la cama del trabajo y del dolor, el Señor mismo recorrerá y tomará en sí el cuidado de su casa, se compadecerá de él, le dará vida y bienes para hacer limosna; lo recibirá por su inocencia y lo colocará en su presencia allá en el cielo para siempre.[4]

---

[1] *Proverbios,* XIX, 17.
[2] Mateos, V. 7.
[3] Mateos, IX, 13.
[4] *Salmos,* X.

El anciano Tobías, estando próximo a la muerte, decía a su hijo: "De lo que tengas, da limosna y no apartes tu rostro del pobre, porque Dios no aparte el suyo de ti. Todo lo que dieres lo atesoras para el día de la necesidad. Todos los caritativos y limosneros deben tener gran confianza en la misericordia del Señor; porque la limosna libra del pecado y de la muerte."[1] Esto es, por medio de ella nos dará el Señor los auxilios necesarios para salir del pecado y libertarnos de la muerte eterna.

DOROTEA.—Ciertamente que son apreciables los bienes que nos acarrea la piedad con los pobres. ¡Dichosos los ricos que pueden hacer caridades como quieran! ¡Y feliz el dinero que se derrama en el seno de la miseria! Yo le aseguro a usted que jamás he deseado el oro ni la plata sino para socorrer a tanto miserable que, como Lázaro, apetece los desperdicios de las casas.

CURA.—Pues consuélate, hija, porque sólo ese deseo es apreciable a los ojos de Dios. La voluntad de dar, dice San Pedro que es para su Majestad igual al mismo don, y el que la tenga recibirá de Dios el premio.[2]

El mismo Tobías decía a su hijo: "Da mucho, si tienes mucho, y da poco si son tus proporciones escasas; pero sé tan misericordioso como puedas."[3] Y así, no es disculpa no tener riquezas para no ser caritativos: un pedazo de pan que dé un pobre a otro será tan premiado o más que el peso que le dé un rico; porque

---

[1] Tobías, IV, 7-12.
[2] Pedro, I [No se encuentra esta sentencia en las Epístolas de San Pedro. Véase II Cor., VIII, 12. Nota del Editor.]
[3] Tobías, IV, 9.

Dios no atiende a la cantidad de la limosna sino al
espíritu con que se hace.

DOROTEA.—Yo me alegro de que sea usted tan piadoso
en obras y palabras, porque así me atreveré a hacer a
usted una súplica en favor de una pobre familia.

CURA.—Di lo que quieras, porque ya sabes cuánto me
complace hacer tal cual beneficio a los necesitados.

DOROTEA.—Pues el caso es, señor, que esa mujer que
anda cuidando a mis hijos es una señora decente, pobre, virtuosa, y tiene una niña sirviendo, por no poder
sostenerla a su lado, por su escasa fortuna, que lo es
tanto que aun para ella sola no le alcanza el trabajo
de sus manos; de manera que algunos días tiene que
mandar pedirme un bocadito al mediodía.

Esta pobre es de las recomendables, porque cuando
su esposo vivía, logró bastantes proporciones y ahora
se halla reducida a la última miseria.

A más de esto, posée un corazón muy magnánimo
y compasivo, de modo que no puede ver una desdicha
sin compadecerla. Muchas veces la he visto llorar por
las infelicidades ajenas, y días pasados empeñó una
de dos camisas que tenía para darle para medicamentos
a otra pobre enferma de la vecindad en que vive...

CURA.—No me digas más. Esa mujer es una heroína cristiana y Dios no le faltará en sus desdichas, porque
se duele de las ajenas y las socorre como puede. Su
corazón es muy piadoso.

DOROTEA.—Tanto lo es, que la noche de la desgracia de
Teófilo me acogió en su cuartito o estrecha vivienda,
me consoló lo mejor que pudo, y viendo cuán resuelta
estaba yo a seguirlo acompañada de mis hijos, temió
que nos sucediera algún fracaso, y sin que me bastaran

diligencias ni ruegos, se decidió a ir en mi compañía hasta donde yo fuera, como en efecto me acompañó hasta este pueblo, donde no pudiendo ya andar mis hijos, se quedó a esperarme en la casa de otras pobres, donde la he hallado.

CURA.—Cada rato me confirmo más en que esa señora es excelente amiga y verdaderamente cristiana. ¿Pero de qué modo piensas tú pagarle esos favores?

DOROTEA.—A eso voy. Si yo le suplico a usted que me dé una cantidad de dinero para socorrerla, creo que no me la negará; pero esta cantidad no puede ser tanta que baste a sostenerla toda su vida, y yo no deseo nada menos sino que jamás vuelva a padecer los rigores de la miseria, que viva contenta y descansada los días que le resten y que este gusto lo tenga en compañía de su amada hija.

CURA.—Yo apruebo tu modo de pensar, y ¿cómo has discurrido para ponerlo en práctica?

DOROTEA.—Uniendo las dos a mi familia y partiendo con ellas el pan que Dios me diere; esto es, si usted me lo permite.

CURA.—Con mucho gusto, hija mía; mi hacienda es tuya y de tu esposo, y mi mayor complacencia será que cultives en tu corazón esa piedad y que, en cuanto puedas, enjugues las lágrimas al infeliz.

Ahora mismo avísale tu determinación, porque tenga ese gusto anticipado esa pobre y virtuosa señora; y jamás vuelvas a tomarme parecer para dar nada a los pobres. Sé franca con ellos, que Dios queda responsable a pagar. No temas que te falte lo preciso por ser caritativa ni piadosa, porque cuanto dieres a los pobres, no lo pierdes, sino que lo depositas en la bolsa de Dios que es infinita. Conque anda, anda, avísale a tu pobre la mejoría de suerte que le espera y mira si tienes otras iguales a quien socorrer; pero ten cuidado de no deslustrar tus limosnas haciéndolas por vanidad, ni esperando la recompensa de los hombres. Ya otra vez te he dicho esto mismo. Dios manda que lo que dé la mano derecha no lo sepa la izquierda, para enseñarnos a ser caritativos ocultamente, por virtud, no por vanidad, pues en este caso se pierde todo el mérito de la limosna.

Después de esta conversación se separó Dorotea de su tío para ir a ver a sus niños y a la señora, y el cura fue a despertar a Teófilo, que se había quedado dormido con el libro en la mano.

Poco tiempo llevaban de conversación cuando se la interrumpió un criado que entró a avisar que estaban de visita el señor cura del pueblo con otros señores y señoras. Con esto fue preciso llamar a Dorotea y subir a cumplimentarlos.

El eclesiástico, protector de Teófilo y Dorotea, poseía muchas buenas prendas, como hemos visto, y aunque no las tuviera, no le podían faltar amigos dondequiera porque tenía más de veinte mil pesos, cuya sola posesión bastaría a suplir cualesquiera otras circunstancias recomendables, y a conciliarse las mejores estimaciones de los amigos al uso.

El era muy prudente y sabía distinguir los que estimaban su persona, de los que adoraban su bolsillo; pero en lo exterior a todos trataba con política, y así, luego que subió a su sala, los recebió con bastante agrado. Mandó llevar refresco y los obsequió del mejor modo que proporcionaba aquel lugar.

Como Dorotea era bonita, los niños graciosos, Teófilo instruido y, a más de esto, advirtieron que eran parientes del cura y la mucha estimación que éste hacía de ellos, cada uno les tributó la suya, y después que el tío refirió las aventuras que habían pasado, todos se condolieron o aparentaron condolerse de sus desgracias, especialmente de las que padeció Dorotea, a quien prodigaban rendimientos y ofertas. Bien conocían los buenos amigos que al lado del cura no necesitaban de sus bienes y por eso se los ofrecían con tanto empeño.

No se le escondió este fingimiento a Dorotea y así les dijo:

—Señores, yo doy a ustedes mil gracias por la buena voluntad que tienen de servirme, y se conoce que este pueblo abriga almas grandes, capaces de socorrer a los desgraciados; pero yo lo fui tanto, que la noche que pasé por aquí sola y con estos tiernos niños no hallé semejantes piadosos, si no fue una infeliz, en cuya casita me hospedé y se llama la tía Mariana. Esta pobre vieja fue mi único consuelo y mi singular bienhechora.

No dejaron de correrse un poco los oferentes; pero la disculpa de que no la conocían ni lo supieron, satisfizo a Dorotea por entonces.

Volvieron a bajar a la huerta, donde se divirtieron hasta la noche, en la que los amigos del cura lo quisieron obsequiar con un baile, a pretexto de felicitar su buena ventura a sus sobrinos.

El buen eclesiástico admitió el favor por no faltar a la urbanidad, y se entretuvieron todos muy alegres hasta las once de la noche, hora en que el cura trató de recogerse y, a su ejemplo, hicieron lo mismo los concurrentes, despidiéndose con expresión y repitiendo sus ofertas.

Pero dejemos durmiendo a esta buena familia, mientras damos razón de lo que pasó con la amiga de Dorotea y sus parientas. Al instante que se separó de ésta, fue a casa de la tía Mariana y, hecha una sonaja de alegría, le dijo:

—Hermana, dame albricias por la felicidad que me he encontrado.

—¿Pues cuál ha sido? —decía Mariana.

—Cuál ha de ser: ese cura es muy caritativo, y la niña Dorotea, su sobrina y mi amiga, es un ángel... pobrecita... Dios le dé el cielo por lo piadosa que es. Ella le ha rogado por mí a su tío, y han quedado en que me vaya a vivir con ellos a su casa. ¿Qué te parece, niña, no es ésta una gran fortuna? ¡Bendito sea Dios! que ya no veré a mi hija sirviendo, sino que la tendré a mi lado hasta mi muerte, y después de ella me quedará el gusto de que a mi hija no le faltará nada, mientras vivan los señores, pues así me lo ha prometido la niña Dorotea; ya verás si tengo razón de estar contenta.

—Sí la tienes —dijo la tía Mariana— pero ¿a que no te acordaste de mí, ni moviste a mi favor la caridad de esa señorita? Ya ves las miserias que pasamos yo y tus sobrinas...

—Sí, me acordé. Mas ¿cómo querías que acabando de franquearme tan gran favor le pidiera otro de nuevo? Es imprudencia cansar al bienhechor; pero no por eso te desconsueles. Dorotea es muy piadosa y yo tu amiga; de lo que tuviere, partiré contigo como hermana, y antes de que salgamos de este pueblo tú te alegrarás de haber tenido a los hijos de Teófilo en tu casa.

Con esto se acostaron muy contentas, la una con la esperanza de su nueva suerte, y la otra fiada en que de ésta algo le había de tocar.

Al siguiente día, bien tempreno, envió Dorotea a llamar a doña Teresa, que así se llamaba su amiga, pues se acercaba la hora de que continuaran su camino para México.

Fue la señora en efecto y Dorotea le preguntó por el estado de la tía Mariana.

—No tiene novedad —contestó aquélla— envía a usted mil expresiones y abrazos a los niños. Se ha alegrado mucho del bien que quiere hacerme a mí y a mi hija; yo le ofrecí que de cualesquiera ventajas que logre al lado de usted participará ella, no sólo porque es mi deuda, sino porque me consta su virtud y sus miserias. Tiene dos niñas ya grandecitas y un hijo de diez años que, lejos de esperanzarla en algún tiempo, siempre le aumentará sus desdichas, porque es ciego y a más de eso insensato.

DOROTEA.—¡Pobre familia! ¿Y con qué se mantiene?

TERESA.—Ella y sus hijas cosen, lavan y trabajan en cuanto pueden; pero ¿qué vale el trabajo de la mujer? Muy poco o nada, y mucho menos para sostenerse con tal cual decencia, en la que se criaron las pobres.

DOROTEA.—¡Cuántas familias de regular nacimiento y de una educación honrada perecen escondidas en unas habitaciones miserables, sin tener ni el infeliz recurso de manifestar sus indigencias!

TERESA.—¡Ay, amiga! Estas familias son más de las que usted piensa. Su estado vergonzante es el colmo de su desgracia; porque la vergüenza les es una mordaza que les impide aun el ratero recurso de mendigar los socorros públicos. ¡Cuántas familias de éstas desfallecen de hambre al mediodía, al lado tal vez de otras familias caritativas, que aliviarían su necesidad si la supieran!

DOROTEA.—Es verdad... Acaso sus parientes de usted serán una de ellas.

TERESA.—Sí, lo son. Como no siempre hay costuras ni quehacer, padecen unas calmas dilatadas. En este tiempo se empeña el tuniquito o la camisa, que se había hecho a costa de mil millones de puntadas, a costa de enfermedades y vigilias; se agotan en dos días estos mezquinos arbitrios y se quedan más imposibilitadas de buscar otros, porque se quedan casi desnudas y entonces es cuando se experimentan las hambres en todo su rigor.

DOROTEA.—¡Válgame Dios! ¡Que no sea yo marquesa acaudalada para socorrer tantas desdichas! ¿Y qué edad tienen las sobrinas de usted?

TERESA.—Una tiene catorce años y otra doce.

DOROTEA.—¿Y son bonitas?

TERESA.—Sin embargo de que están estragadas por la mala vida que pasan, no tienen unos semblantes despreciables.

DOROTEA.—¡Angelitos! ¡Cuán expuestas se hallan en esa edad, con ese mérito y rodeadas de tan fatales circunstancias! Aun en este pueblo triste no faltarán seductores de su virtud... ¡Pobrecitas! ya me interesan demasiado sus desgracias. Deseo conocer a esas muchachas infelices. Qué ¿no podré verlas antes de irme?

TERESA.—Difícilmente, amiga, porque por ahora están en la época fatal de desnudez. Ninguna de ellas tiene sino arambeles y pingajos. Un túnico viejo y un rebozo igual se conservan, a pesar de las inclemencias del hambre, para ir a misa el día de fiesta una por una.

DOROTEA.—¡Qué desgracia! Y ¿qué no tienen otra ropa?

TERESA.—Sí, pero empeñada.

DOROTEA.—¿Y en cuánto?

TERESA.—No sé; mas no puede ser en mucho, porque las alhajas de los pobres valen siempre muy poco. Creo que con doce pesos se sacarían todos sus trapillos.

DOROTEA.—¿Doce pesos? ¡Jesús, qué friolera! Téngalos usted... y vaya en el instante a que las saquen. Hágalas usted vestir y que vengan a verme con su madre, sin dejar de traer al cieguito.

TERESA.—Pues vuelvo...

Apenas la buena señora tomó el dinero, cuando partió corriendo a la casa de sus pobres deudas y lo puso en sus manos, dándoles la noticia del interés que por ellas tomaba Dorotea.

La buena vieja madre, loca de gusto, fue a la tienda al instante a sacar sus prendas. El tendero, como que la conocía, se sorprendió de verla tan adinerada, y creyendo maliciosamente que se había habilitado con malas artes, le dijo:

—Muy de vuelta está usted, doña Mariana... Ya se ve, es fortuna tener hijas bonitas; se anochece sin blancas y se amanece con principal.

Mucho se enojó la tía Mariana, advirtiendo la malicia del tendero, y así, temblándole la barba, le dijo:

—Despácheme usted pronto y vaya muy enhoramala. ¿Qué piensa usted que yo soy de las madres que cuentan con las caras de sus hijas para subsistir? No, señor, yo y mis niñas somos tan pobres como honradas, y aún más honradas que pobres, y esto lo sabe Dios y todo el pueblo. Estos doce pesos que usted ve, me los acaba de enviar de limosna esa niña, ese ángel que pasó ayer en la calle del

Hospicio, con su marido y su tío el cura. Y si usted no lo cree, vaya a preguntárselo a ella misma.

El tendero, que se vio tan avergonzado delante de los marchantes que estaban en la tienda, no tuvo otro arbitrio para excusar que la buena vieja siguiera su regaño, que echarlo a la chanza. Refugio ruin, pero harto usado de los necios y malvados, cuando se ven convencidos de su malicia o necedad.

—Ya está, tía Marianita —le decía— no se incomode usted... Si yo lo he dicho por chanza, pero ya sabemos todos la virtud de usted y de sus niñas. Antes yo me alegro mucho de la fortuna que ha tenido, de que la socorriera esa señora. Qué ¿es cierto es tan piadosa como usted dice?

—¡Jesús! —decía tía Mariana, ya más fresca— si esa niña no puede ser mujer sino la misma caridad andando. Antenoche, en el pueblo donde durmió, hizo feliz a una familia que le hospedó en su casa; ayer ha hecho feliz para siempre a una parienta mía y a su niña, y hoy me ha socorrido como usted ve. En fin, ella es un ángel, muy piadosa, y no puede ver una miseria sin sentirla y socorrerla.

—Será muy rica —decía el tendero.

—Y como que es.

—¡Oh, pues entonces no es gracia que sea caritativa, porque tiene con qué hacer esas caridades!

—Calle usted, señor —proseguía la buena vieja— más que sea así, es gracia y mucha gracia que sea piadosa. Cuántos ricos y ricas conozco yo que no hacen una caridad en su vida y que, cuando más y mucho, suelen dar un medio real tiñoso a un pobre, quizá para quitárselo de encima o porque los vean, y entonces quedan muy anchos, creyendo que han hecho una gran cosa, y maldito lo que les aprovechan esas mezquinas limosnas; porque yo he oído decir a personas muy sabias que se debe hacer limosna a proporción del caudal; luego nada hace el que, teniendo cuarenta o cincuenta mil pesos, da el domingo medio o un real de limosna, y quizá en cuatro cuartillas, como yo los he visto, lo que es una verdadera vergüenza.

Aquí cesó la tía Mariana, porque la despachó el tendero y se fue a su casa muy contenta.

Luego que entró hizo que se vistieran sus hijas y fue con ellas, el cieguito y doña Teresa para la casa del cura, quien ya estaba informado por Dorotea de las visitas que esperaba.

Luego que entraron las recibió ésta con el mayor cariño, como si de largo tiempo las hubiera conocido.

—¡Pobres criaturas! —decía— ¡Qué bonitas son! ¡Ay, qué lástima sería que fuesen su honor y su hermosura víctimas de la indigencia cruel! Vea usted, tío, al pobre muchachito ciego, simple, y por lo mismo inútil y gravoso a su familia. Si él hubiera nacido bueno, tendrían estas pobres siquiera la esperanza de hallar en sus brazos, algún día, un apoyo para su orfandad; mas en este infeliz estado no tienen otra que sostenerlo con su trabajo escaso y mal pagado. Ay, tío ¿qué hiciéramos para mejorar la suerte de esta familia virtuosa y desgraciada?

CURA.—Hija, tú discúrrelo, aconséjate con ellas mismas y haz lo que te parezca conducente a su alivio, pero con prudencia; porque la caridad no consiste sólo en dar, sino en dar con orden. La prudencia debe graduar el orden de nuestras operaciones para que sean justas y arregladas.

Esto último se lo dijo el cura a su sobrina en voz baja, con mucho disimulo y se fue a mandar poner el coche en compañía de Teófilo.

Dorotea, que era bastante avisada, advirtió cuanto le quiso decir su tío y así, tratando de conciliar la seguridad de sus hijos con los benéficos sentimientos que abrigaba su corazón, dijo a la tía Mariana:

—¿Le gusta a usted este pueblo?

—Sí señora.

—¿Y en él habrá algún arbitrio o giro bastante a proporcionarles a ustedes su subsistencia con más desahogo y menos tarea que la aguja?

—Sí, señora; pero se necesita dinero o a lo menos un buen fiador.

—¿Y qué cosa?

—El mesón de aquí se arrienda actualmente en trescientos pesos al año, y según este arrendamiento y el tráfico que tiene, deja muy bien para mantenerse con decencia una familia corta como la mía.

—Pero eso será a quien lo entienda; pero usted poco o nada entenderá de administrar un mesón.

—Sí, señora: yo entiendo de eso mejor que de bordar, porque mi difunto marido tuvo este mismo mesón muchos años, y yo corría con las cuentas de los huéspedes, cuidaba de los mozos, ajustaba la paja y la cebada, y llevaba todo el peso de la negociación, especialmente cuando mi marido estaba ausente. Todavía tengo los libros de las cuentas, y en ellas hay muchas hechas por mi mano.

—Y usted, doña Teresa, habrá visto esos libros y conocería a la señora doña Mariana en ese destino que dice. ¿No es verdad?

—En nada ha faltado a ella mi prima —dijo doña Teresa.

No fue menester más averiguación. En el momento mandó Dorotea que llevasen de almorzar a las visitas, y luego que las dejó almorzando entró a ver a su tío, le contó cuanto sabía, ponderó la facilidad con que podían ser socorridas aquellas infelices, y se empeñó con demasiada viveza para que se quedasen con el mesón en el día.

El cura, naturalmente inclinado a hacer bien, se agradó mucho de la intención de su sobrina y sin, perder instante, vio al dueño y se hicieron luego luego las diligencias precisas para el caso, de modo que en una hora ya estaba todo corriente y era doña Mariana la arrendataria del mesón sin saberlo. ¡Qué no hace el dinero cuando se quiere gastar sin mezquindad!

Así que Dorotea tuvo en su mano la escritura, en la que sólo faltaba una firma de la interesada, pasó a verla y les dijo:

—Ustedes dispensen que las haya dejado solas; pero he tenido que hacer un negocio de bastante importancia. Vaya, tomen ustedes sus paños o tápalos, y acompáñenos a una visita que tenemos que hacer, antes de irnos mi esposo, mi tío, ustedes y yo.

—¿Nosotras, señorita?

—Sí, ustedes: vamos.

Sin saber a dónde ni a qué, acompañó la tía Mariana a Dorotea, al cura y a Teófilo, seguida de sus hijos, hasta que llegaron al mesón, donde esperaba el dueño y el escribano.

Así que entraron dijo Dorotea a la buena vieja:

—Vaya, reciba usted el mesón y sus aperos, y firme

el documento—. Al decir esto puso las escrituras en su mano.

Atónita se quedó la tía Mariana al oír estas palabras, sin saber qué le pasaba, ni qué cosa se le quería decir.

Entonces el cura y el escribano le explicaron todo lo que había hecho Dorotea, y cuando entendieron el gran beneficio que les había hecho, corrieron todas a abrazarla y a darle las gracias, con aquella ternura y expresiones vivas y elocuentes que saben arrancar los beneficios de los corazones agradecidos.

Quisiera Dorotea desprenderse de aquellas buenas gentes, avergonzada de esta escena; pero no podía porque la tenían bien asida entre sus brazos. Una la llamaba su señora, otra su ángel, aquélla su madre, y todas su protectora liberal.

A un tiempo la elogiaban, la abrazaban y la bañaban con sus lágrimas, que se mezclaban con las de la sensible Dorotea, quien confundida con este lance, que no esperaba, sólo les decía:

—Ya está, amigas, ya está. A mi tío dadle las gracias; él lo ha hecho todo, yo no...

En fin, así que aquellas mujeres infelices desahogaron su gratitud en algún modo, se formalizó la entrega del mesón y Dorotea se despidió de ellas, sin consentir que la fueran a dejar al coche como querían.

En un pueblo corto cualquiera novedad se hace pública en un instante, y así por lo que acababa de suceder, como por las alabanzas que la tía Mariana había hecho de la caridad de Dorotea en la tienda, cuando menos ésta lo pensaba, y al salir del mesón, se encontró con una turba de cojos, ciegos, enfermos y mendigos miserables, que a voces solicitaban sus socorros, llamándola por su nombre, alegando que ellos no eran menos desgraciados y añadiendo cuantas impertinencias les ponía en la boca su triste situación y el deseo de verse socorridos por la mano bienhechora de Dorotea, a quien casi no dejaban andar.

Esta, toda turbada, apeló a su tío para que la sacara de aquel aprieto. Este, que interiormente se complacía con la piedad y modestia de su sobrina, viéndola tan apurada la tomó del brazo y le dio a Teófilo diez pesos para que los cambiase por dinero menudo y los dejase a la nueva arrendataria del mesón para que los repartiese a aquellos pobres, a proporción del conocimiento que tenía de sus miserias. Con esto se fueron todos los mendigos tras de Teófilo, y el cura con Dorotea y doña Teresa para su casa, en la que ya estaba todo prevenido para el viaje.

Mientras que Teófilo volvía, decía el cura a su sobrina:

—¿Ya ves, hija, qué rato acabas de tener tan agradable? Sólo cuando se hace un beneficio se experimentan los dulces transportes de la sensibilidad. Las lágrimas que se mezclan con las del infeliz agraciado son más lisonjeras a nuestros corazones que la risa que nos arrancan las alegrías fingidas y tal vez criminales de este mundo.

"El rico duro e insensible a los ayes de la humanidad afligida, jamás goza estos momentos apacibles. Rodeado de su pagada turba de aduladores y paniaguados, distraído en amontonar caudales y engastado entre la disipación y el deleite que le facilita su dinero, ni oye los clamores del indigente, ni ve los afligidos semblantes de los pobres.

"Ocupando casas magníficas, vistiendo sedas y holandas finas y llenando su enfermo estómago con variedad de manjares delicados, no se acuerda de que millones de semejantes suyos andan desnudos, peregrinos y hambrientos.

"Pero ¿qué más? La presencia del infeliz andrajoso es para sus ojos el espectáculo más ingrato y así se desdeña hasta de verlo. ¿Qué mucho no lo socorra, ni goce del placer inocente y sólido que proporciona la beneficencia? ¿Qué mucho que con su tirano proceder se haga el objeto de la indignación del Padre de las misericordias, que se las niegue a la hora de su muerte y se condene?

" '¡Ay de vosotros, ricos!', dice Dios en su Evangelio, y este ¡ay! en boca de Dios ¡qué mal presagio es para éstos!

"Llenas están las páginas sagradas de promesas en favor de los caritativos, como de amenazas contra los impíos y avaros. No apartes, dice Dios, los ojos del pobre, no sea que se enfade; y no des motivo a los que te piden para maldecirte a tus espaldas; porque el que te maldecirá en la amargura de su alma, será oído del que lo ha criado.[1] 'Un poco de pan, dice en otra parte, es la vida de los pobres; el que los priva de él es un homicida.' En los Proverbios dice: 'El que da al pobre, no tendrá necesidad de nada; pero el que lo desprecia cuando le ruega, caerá él mismo en la pobreza.'[2] Por último, el Sabio dice: 'Encierra la limosna en el seno del pobre y ella rogará por ti, a fin de que seas librado de todo mal, y será una arma más fuerte para combatir contra tus enemigos que el escudo y la lanza del hombre más valiente.'[3]

"Todo esto y más dice el Espíritu de la verdad; la

---

[1] Eclesiástico, IV, 5-7.
[2] *Proverbios*, XXVIII, 27.
[3] Eclesiástico, XXIX, 15-19.

lástima es que los ricos duros de que hablo, o no lo saben o no lo creen, y por eso hay tantos infelices y tan pocos limosneros; pero por eso también hay muchos ricos acompañando al avaro Epulón.

"Todo esto te digo no para tu envanecimiento, sino para que te acostumbres a hacer bien, y guste tu corazón las dulzuras de la sensibilidad, ejercitada en favor de tus infelices semejantes."

A este tiempo llegó Teófilo, se entraron en el coche y continuaron su viaje para la capital, satisfechos todos de haber tenido un día alegre y dignamente aprovechado.

FIN DE

NOCHES TRISTES Y DÍA ALEGRE

INDICE

INDICE

		Págs.
Prólogo, por Jefferson Rea Spell		VII
Reseña biográfica		XVII
Bibliografía		XX

VIDA Y HECHOS DEL FAMOSO CABALLERO DON CATRIN DE LA FACHENDA

CAP.	I.	En el que hace la apología de su obra y da razón de su patria, padres, nacimiento y primera educación	3
CAP.	II.	Describe la figura de su tío el cura, y da razón de lo que conversó con él y con su amigo Precioso, y sus resultados	11
CAP.	III.	En el que se refiere cómo se hizo cadete, las advertencias de su tío el cura y la campaña de Tremendo	19
CAP.	IV.	Dase razón del fin de la campaña de Tremendo. Desafía éste a Catrín, y se trata sobre los duelos	27
CAP.	V.	Largo pero muy interesante	35
CAP.	VI.	En el que se verá cómo empezó a perseguirlo la fortuna, y los arbitrios que se dio para burlarse de ella	47
CAP.	VII.	Emprened ser jugador, y lances que se le ofrecen en la carrera	57

Págs.

Cap. VIII. Refiere la disputa que tuvo con un viejo acerca de los catrines, y la riña que por esto se ofreció 63

Cap. IX. Escucha y admite unos malditos consejos de un amigo; se hace más libertino y lo echan con agua caliente de la casa del conde de Trebas 69

Cap. X. El que está lleno de aventuras 77

Cap. XI. Admite un mal consejo, y va al Morro de La Habana 85

Cap. XII. En el que da razón del motivo por qué perdió una pierna, y cómo se vio reducido al infeliz estado de mendigo.... 91

Cap. XIII. En el que cuenta el fin de su bonanza y el motivo 97

Cap. XIV. En el que da razón de su enfermedad, de los males que le acompañaron, y se concluye por ajena mano la narración del fin de la vida de nuestro famoso Don Catrín 103

Conclusión. Hecha por el practicante 107

NOCHES TRISTES Y DIA ALEGRE

Argumento o idea de las *Noches tristes* 113

Noche primera. La prisión 117

Noche segunda. La pérdida en el bosque 131

Noche tercera. El duelo triste 151

Noche cuarta. El cementerio 163

Día alegre y dignamente aprovechado 185

Esta obra se acabó de imprimir
El mes de marzo de 1998, en los talleres de

INSA, S.A. DE C.V.
Laguna de Terminos No. 9 Col. Anahuac
11320, México, D.F.